T0107761

Qu'est-ce que la causalité ?

Qu'est-ce que la politique ?
Bodin, Rousseau & Aron
par Simone Goyard-Fabre

Qu'est-ce que penser/calculer
Hobbes, Leibniz & Boole
par Daniel Parrochia

Qu'est-ce que la philosophie ?
Kant & Fichte
par Alexis Philonenko

Qu'est-ce que la royauté ?
Joseph de Maistre
par Jean-Yves Pranchère

Qu'est-ce que le droit ?
Aristote, Wolff & Fichte
par Alain Renaut

Qu'est-ce que l'éducation ?
Montaigne, Fichte et Lavelle
par Jean-Louis Vieillard-Baron

Qu'est-ce que la division du travail ?
Ferguson
par Jean-Pierre Séris

Qu'est-ce que l'ignorance métaphysique ?
Śaṅkara
par Michel Hulin

Pré-textes

Collection animée par
François Dagognet
et Alexis Philonenko

Qu'est-ce que la causalité ?
Hume et Kant

par

Michel Malherbe

Professeur à l'Université de Nantes

© Librairie Philosophique J. VRIN, 1994
Imprimé en France

Paris
Librairie Philosophique J. Vrin
6, Place de la Sorbonne, 75005   1994

© *Librairie Philosophique J. VRIN*, 1994
Printed in France
ISBN 2-7116-1183-3

Introduction

Qu'est-ce que la causalité ?

Nous ne cessons de chercher des causes. Sans y songer le plus souvent. Dans notre expérience quotidienne, nous lions entre elles des choses, des qualités, nous rapportons des événements les uns aux autres, et nous entendons par là que ce qui est ainsi lié est assez fortement lié pour ne pas décevoir notre attente. En vérité, ce sont moins les causes qui ordinairement retiennent notre attention ou occupent notre souci, que les effets. Car il nous faut nous conduire, il nous faut agir pour vivre, et nous ne pouvons pas agir sans espérer, sans anticiper des résultats. Et nous sommes accoutumés à ce que les résultats suivent dès lors que nous avons réuni les circonstances propres à leur acquisition. A ce titre, la recherche des causes est moins pressante que la poursuite des effets. Elle naît lorsque précisément les effets ne se produisent pas conformément à notre attente, lorsque l'expérience que nous avons acquise ne suffit plus à satisfaire nos besoins. Et l'idée nous vient que quelque cause, que nous ne connaissons pas et qu'il nous faut découvrir pour agir sur elle, interfère et contrarie nos espérances. Et si jamais l'urgence de l'effet attendu est telle que nous n'avons pas de délai pour inventer la cause, nous sommes prêts à déterminer celle-ci à la hâte, sans attendre qu'un minimum de régularité nous confirme que c'est bien la cause recherchée.

Le sens commun se nourrit ainsi de causalité et il serait entièrement désorienté dans un monde sans causes où tout serait surprise et événement. Il admet spontanément que tout est lié selon une nécessité qui peut souffrir des exceptions, mais qui a assez de fermeté et d'uniformité pour que l'on puisse se reposer sur elle. La philosophie, elle, qui s'accorde le loisir de la recherche, se montre beaucoup plus circonspecte et surtout, comme elle n'a pas la hâte des effets qu'il faut produire, elle subordonne la déduction pratique, comme disait Bacon[1], à la découverte spéculative des causes. Elle ne nie pas que qui connaît les causes puisse produire les effets et que l'utilité soit une des fins de la connaissance ; mais, par une suspension au moins temporaire des exigences ou des attentes de la vie commune, elle s'attache à la recherche des causes pour elles-mêmes. Et, au lieu de revenir utilitairement et opératoire-ment aux effets, une fois connues les causes requises, elle régresse dans la série des causes jusqu'à ce qu'elle atteigne une cause qui ne soit pas déjà l'effet d'une autre cause. C'est pourquoi, Aristote définit la philosophie comme la science qui spécule sur les

1. Francis Bacon, *Novum Organum*, livre I, aph. 1 à 8 ; II, 21, trad. M. Malherbe et J.-M. Pousseur, Paris, P.U.F., 1986.

premiers principes et les premières causes [1]. Qu'une cause donnée soit elle-même l'effet d'une autre cause qui en quelque manière la précède, que la spéculation puisse tenter de remonter la série des causes, tout le monde l'admettra bien volontiers. Mais la philosophie veut atteindre la première des causes, celle à partir de laquelle la causalité de toutes les autres causes s'éclairera et par laquelle le monde pourra être compris comme un système uniforme et déterminé.

La recherche des causes premières est une recherche éminemment spéculative. Si, en vérité, la philosophie a pour caractère de ne pas se contenter de la connaissance du fait, et de rechercher toujours le pourquoi du fait ou la raison des phénomènes (qui deviennent ainsi des effets), alors, en se portant vers la cause première, elle se propose de saisir l'être dans sa raison même, dans son intelligibilité propre. C'est pourquoi, si elle peut connaître la cause première, elle pourra connaître le tout du monde ou de l'être, ayant pénétré le fondement rationnel de toute production d'effet.

Il est vrai qu'on peut douter que la philosophie atteigne jamais la ou les causes premières. Toute connaissance serait alors accomplie, et celui qui en disposerait posséderait le pouvoir de produire toutes choses. Mais inversement, aussi longtemps qu'on

---

1. *Métaphysique,* livre Alpha, 2, trad. F. Tricot, Paris, Vrin, 1964.

n'atteint pas une telle connaissance, il y a une énigme inscrite au cœur même de la causalité, celle du pouvoir, de la vertu par laquelle la cause produit son effet. On peut bien observer que tel effet est produit par telle cause ; mais l'on ne saisit pas encore en vertu de quel principe cette cause produit cet effet.

Prenons un exemple commun. L'aspirine guérit le mal de tête : spontanément nous plaçons dans ce corps chimique qu'est l'aspirine une qualité par laquelle le mal de tête est guéri et que nous n'attribuerons pas à tel autre remède. Cette propriété, interne au remède, a quelque chose de vaguement mystérieux. Car si l'effet produit par le remède a lieu avec assez de régularité pour que cette propriété soit considérée comme appartenant à la nature chimique du remède et pour que la liaison de la cause et de l'effet nous paraisse tout à fait familière, il reste que le pouvoir de la cause même n'est pas immédiatement ou empiriquement appréhendé et qu'il faut par conséquent aller au delà des phénomènes, percer le secret de la nature pour parvenir à appréhender son ressort. Assurément, je puis dire que ce pouvoir, la cause considérée le tient d'une autre cause dont elle est l'effet, et ainsi de suite. Mais ne postulerai-je pas à la fin quelque cause primitive qui, étant donné sa nature, possède ce pouvoir par elle-même et le communique aux autres causes ? Quoi qu'il en soit de notre capacité à atteindre les causes premières, on observera d'emblée que la compréhension de ce pouvoir de causalité suppose que l'on n'en reste pas à la considération de telle ou telle cause, mais qu'elle intéresse nécessairement tout le système de la causalité.

* * *

Notre précédent argument est encore trop simple. Avant de chercher ce pouvoir de causalité de la cause, encore faut-il savoir où le chercher. Nous l'avons placé dans l'aspirine, entendant par là que l'aspirine est la cause efficiente ou productrice de la santé retrouvée. Mais nous savons que chez certains sujets l'aspirine ne fait pas d'effet et que, par conséquent, la nature corporelle du patient est un facteur qui doit être pris en considération puisqu'elle modifie le degré d'efficacité du remède. Il faut donc distinguer une autre sorte de cause, ce qu'Aristote nomme la cause matérielle, c'est-à-dire la cause passive placée dans le patient, qui est le corrélat de la cause active placée dans l'agent. Toutefois, ces deux causes ne suffisent pas encore pour rendre compte de l'effet. Car, l'aspirine n'aurait pas d'effet si par sa nature même le corps malade ne tendait pas à rétablir sa santé, s'il n'y consacrait pas ses puissances propres, il est vrai insuffisantes, puisqu'il faut avoir recours au remède. Tout corps vivant, en tant que tel, par l'énergie de sa propre vie, tend à conserver les équilibres propres à sa survie – ce que nous appelons la santé. Il y a donc dans le corps propre du patient une puissance de vie sans laquelle il n'y aurait pas de guérison. C'est une troisième sorte de cause à considérer, qu'Aristote appelle la cause formelle, puisqu'elle est attachée à la forme déterminée, à la nature propre de l'être considéré. Mais, par ailleurs, pourquoi le patient prend-il de l'aspirine ? Pour supprimer son mal de tête et retrouver les conditions ordinaires de la santé. La santé, le bien-être est donc ce en vue de quoi s'accomplit toute l'opération. Et si le patient ne se portait pas vers une telle fin, il ne prendrait pas le remède. Ce qui fait une quatrième sorte de causalité, ce qu'Aristote appelle la cause finale.

Tel est le système des quatre causes mis en place par Aristote[1], des quatre conditions sans lesquelles l'effet ne serait pas produit. La causalité efficiente de l'agent s'applique à la réalité matérielle du patient qui supporte ou ne supporte pas cette causalité de l'agent, et qui, par ailleurs, en tant qu'être déterminé, dispose d'une puissance formelle ne cessant d'agir conformément à sa nature propre, en vue de sa conservation, du maintien ou du progrès de son être, ou encore en vue de fins externes, s'il est un être capable d'une action qui n'est pas le simple résultat d'une détermination naturelle. Il est évident que ce système est complexe et que le rapport à établir entre les quatre causes est un rapport inéluctablement composé. Causalité efficiente et causalité

1. *Physique*, II, 3, 194 b 16-195 a 25, trad. L. Couloubaritsis (*Sur la nature*), Paris, Vrin, 1991.

matérielle s'associent aisément comme causalité active et causalité passive, l'une étant le corrélat de la seconde (à la condition que l'on accorde à la cause passive une sorte d'activité, c'est-à-dire qu'on n'en fasse pas une pure potentialité). Causalité efficiente et causalité formelle s'accordent comme sont susceptibles de le faire une causalité externe résidant dans une chose étrangère et une causalité interne, inscrite dans l'être propre de l'être considéré. En dignité ontologique, la causalité interne l'emporte sur la causalité externe qui joue comme une sorte de médiateur ou de catalyseur permettant à la causalité interne d'opérer. Par exemple, touchant l'éducation, je puis dire que l'éducateur ou le maître exerce une causalité efficiente et agit sur l'enfant, mais que cette action ne prend sens que par l'enfant et doit être subordonnée à son développement, c'est-à-dire à ce progrès par lequel l'enfant, fort de ses puissances propres (de la causalité formelle de son être), se porte vers l'âge adulte qui est l'état de perfection relative auquel il peut prétendre en tant qu'être vivant et pensant – en sorte que l'enfant n'est pas simplement une puissance passive, éventuellement résistante entre les mains de l'éducateur. Quant à la cause finale, on pourra dire qu'elle est tantôt inscrite dans l'être même considéré (par exemple, tout être humain tend vers une certain état d'autonomie (de subsistance, de jugement, etc.) propre à l'âge adulte, et tantôt solidaire d'une activité de pensée qui se représente la fin comme un objectif à atteindre, objectif soit totalement extérieur, et l'opération sera alors dite poétique (par exemple, l'éducation de l'enfant pour l'éducateur, la réalisation d'un certain produit pour l'artisan), soit intérieur, et l'opération sera alors dite pratique (dans le cas de l'action morale où l'homme agit sur lui-même).

Une autre distinction est encore introduite par le philosophe grec. En effet, lorsqu'il y a production causale, le monde (la chose) change d'état, il s'y produit un événement ; l'effet qui n'existait pas auparavant existe maintenant : la qualité dont la chose était privée lui appartient désormais. Les Sophistes s'étaient précipités sur la difficulté qu'il y a à penser un tel passage du non-être (de la privation) à l'être et inversement, pour embarrasser ceux qui cherchent la vérité, c'est-à-dire ceux qui cherchent à découvrir les causes capables de rendre raison des choses. Et les Mégariques, ces disciples de Socrate prompts à la critique, tenaient que, quand se produit un changement, la chose considérée qui change (ou le monde) passe par un saut brutal et inexplicable d'un état à un autre. La réponse d'Aristote [1] est que, le mot étant pris au sens littéral, la chose se transforme, change de forme. Sous l'action de la cause, la forme qu'elle n'avait pas auparavant, elle la possède désormais. Ce qui suppose d'une part que la chose demeure en quelque manière, même quand elle se transforme, que le

1. *Métaphysique*, livre Thêta.

changement se fasse sur le fond d'une permanence ou s'attache à un invariant qui dure, d'autre part que la chose, au moment même où elle est privée de la forme ou de la propriété qui lui advient par l'effet causal, peut devenir ou acquérir cette forme, qu'elle est en puissance cette propriété qu'elle acquiert et qu'elle possèdera ensuite en acte. Si l'être des choses demeurait invariable et identique, il ne se produirait rien dans le monde et il n'y aurait pas à chercher les causes : les choses seraient, absolument. Si l'être des choses n'avait pas de durée dans le devenir, tout changerait en tout, et aucune cause ne serait assignable. Pour qu'il y ait lieu de rechercher les causes, il convient donc que du changement, du mouvement soit produit, et que la réalité ait assez de permanence pour durer dans le changement, pour se conserver dans une certaine mesure dans le mouvement. Mais il faut ici poser dans la réalité une puissance qui soit capable d'engendrer l'effet, puissance qui fait l'objet d'une double considération : puissance motrice de la cause efficiente sur ce à quoi elle s'applique (par exemple, de l'éducateur sur l'enfant, qui sont deux êtres distincts), puissance formelle interne à chacune des choses impliquées par laquelle elle se porte à l'acte, à l'accomplissement de sa nature (puissance de l'enfant se portant à cet accomplissement qu'est l'âge adulte, puissance de l'éducateur se portant à cet accomplissement qu'est pour un éducateur une éducation réussie).

Telles sont les grandes lignes de l'explication aristotélicienne de la causalité, explication fort complexe et fort problématique où par des distinctions, par un dispositif catégorial, le philosophe s'efforce de se donner les moyens de comprendre la génération des effets par les causes. Or, si complexe que soit l'analyse, et si abstraites que soient ses catégories, elle ne s'écarte pas toutefois fondamentalement de ce qu'entend l'homme commun sur ce point, même s'il n'y réfléchit pas. Aristote formalise des considérations, des arguments, qui ne heurtent pas le sens ordinaire que nous avons de la causalité ; et pour métaphysique qu'elle soit, sa description est bien celle de l'expérience commune que nous avons du monde. Prenons un être vivant animé (c'est le modèle principal d'Aristote). Un être vivant n'est pas encore à sa naissance ce qu'il sera à l'âge adulte : il va grandir, se développer, c'est-à-dire changer. Quelles sont les causes de ce changement ? Manifestement, pour que la recherche des causes ait un sens, il faut que l'être vivant considéré demeure le même, qu'il ait une réalité substantielle qui, certes, est susceptible de se transformer, mais qui conserve au travers des événements son identité. Nous pourrons donc dire que le même être est en puissance, dans l'enfance, ce qu'il deviendra effectivement à l'âge adulte, quand il possédera en acte les propriétés de l'adulte. Cela dit, quelles sont les causes de sa croissance et de sa transformation ? La première des causes est certainement dans la nature de l'enfant, nature perfectible qui se développe au cours de la croissance jusqu'à acquérir des propriétés nouvelles. C'est la cause formelle. Il est tout aussi certain que ce développement ne peut se faire que dans la mesure où cette perfectibilité en exercice s'applique à une réalité corporelle qui en est capable et qui est comme le substrat du changement : c'est la cause matérielle. Assurément, en outre, sans ses parents, sans l'effet de l'éducation, l'enfant ne deviendrait jamais ce qu'il sera à l'âge adulte : sans l'intervention d'une multitude de causes externes, qui sont autant de causes efficientes, l'enfant ne pourrait accomplir son développement naturel. Vers quoi enfin se porte ce développement, sinon vers un certain état de pleine possession de soi, vers une certaine perfection relative où l'être est susceptible d'accomplir tout ce qu'il y a en lui ? Il faut donc encore considérer la cause finale, si du moins l'on admet que la perfection qu'on n'a pas encore peut être ce moteur grâce auquel on s'y porte.

Fixons cette représentation métaphysique de l'expérience commune avant que nous ne la perdions irrémédiablement. Car, étant des modernes, nous sommes condamnés à la perdre. La révolution scientifique opérée par la pensée moderne, en effet, ruine entièrement la grille d'analyse fournie par le philosophe grec.

*
* *

On sait que dans l'ordre de la connaissance l'acte décisif de la pensée moderne fut la mathématisation de la physique. Considérons le monde que nous venons de décrire. On y trouve des choses qui sont des substances, demeurant dans leur être (du moins pour un certain temps). Ces choses possèdent des qualités, dont certaines sont attachées à leur nature, et d'autres acquises sous l'effet de quelque cause. Quant aux événements qui ont lieu dans le monde, ils ne sont rien que des modifications, que les changements, plus ou moins complexes, de la qualification des choses. Considérons un mouvement, par exemple le jet d'une pierre qui monte dans le ciel avant de retomber vers le sol. Par nature, en raison de leur cause formelle, tous les objets pesants tendent vers le sol (là où selon les anciens ils peuvent demeurer au repos, ce qui est leur état de perfection propre). Si la pierre monte d'abord vers le ciel, c'est sous l'effet d'une cause externe, mon bras, une fronde, qui lui imprime un mouvement contre nature, lequel ne durera qu'un temps, la détermination naturelle vers le bas finissant par l'emporter sur le mouvement violent initial. Analysons maintenant le phénomène en des termes modernes. Tout corps exerce sur tout autre corps une force d'attraction qui est proportionnelle au produit des masses et inversement proportionnelle au carré de la distance. Quand je lance la pierre vers le ciel, je dois lui communiquer une force supérieure à la force d'attraction. A tout instant de la trajectoire suivie, la

composition des forces est si rigoureusement déterminée que je puis mesurer les différents paramètres
du mouvement de la pierre et représenter de façon
exacte (toutes choses restant égales), sous la figure
géométrique d'une parabole, le parcours qui est
celui de l'objet. Commentons. Tout d'abord, je n'ai
plus affaire à des choses qui seraient dotées de
qualités propres ou qui les recevraient d'autres
corps : j'ai affaire à un système mécanique au sein
duquel la pierre et la terre n'ont de signification
physique qu'en tant que masses relatives l'une à
l'autre, en fonction de leur importance et de la
distance qui les sépare, chacun de ces paramètres
étant déterminable avec précision, c'est-à-dire mesurable. La terre n'attire pas la pierre, parce qu'elle
est la terre et parce qu'elle possèderait en elle je ne
sais quelle vertu ou puissance propre d'attraction :
elle attire la pierre parce qu'elle entretient avec elle
tel rapport précis eu égard aux masses et parce
qu'elle se trouve à tel moment donné à telle distance.
Ainsi, la quantification des processus physiques fait
disparaître du monde de la science les choses et les
qualités.

La première des grandes catégories héritées
d'Aristote à être mise en cause est celle de substance.
La mécanique demande seulement qu'on accorde
qu'il y a des choses, c'est-à-dire des corps qui ne sont
pas autrement qualifiés quant à leur nature propre.
Mais la catégorie de causalité est elle aussi boulever-
sée. En effet, le mode de causalité le plus fondamen-

tal sur lequel reposait tout le dispositif aristotélicien des causes, à savoir la causalité formelle (la causalité inscrite dans la nature ou dans l'essence de chaque chose), doit être répudié. Dans un système mécanique où tout est relatif (et par conséquent quantifiable, puisqu'une quantité est un rapport), l'idée d'une causalité attachée à la nature propre de chaque chose n'a tout bonnement plus de sens. Or, avec la causalité formelle disparaît la causalité matérielle qui en était le corrélat et qui permettait de comprendre comment une qualité qui n'était qu'en puissance dans la chose considérée pouvait être ensuite en acte. Quant à la causalité finale, pour autant qu'elle était l'action de la perfection d'être propre à la chose considérée, laquelle naturellement tend à la forme dans laquelle elle est susceptible de s'accomplir, elle ne peut manquer de disparaître. Si, au contraire, on veut voir en elle l'action d'une perfection supérieure à la chose, celle du Créateur menant chaque créature à son accomplissement, on peut certes la conserver encore pour des motifs théologiques, mais il n'y a plus de raison de la prendre en considération dans l'analyse simple des phénomènes physiques. Ne reste donc que la causalité efficiente, la seule qui puisse être traitée comme étant un rapport entre deux corps et qui par conséquent se laisse quantifier. Encore n'est-il plus nécessaire d'y distinguer la cause active de l'agent et la cause passive du patient : elle sera traitée comme étant rapport et rien que rapport.

On voit l'extraordinaire simplification à laquelle procède la science moderne : des quatre causes, il n'en reste plus qu'une seule. On voit aussi l'extraordinaire gain : la causalité n'est plus décrite, elle est désormais mesurée, on peut de droit donner l'expression mathématique du rapport qui unit la cause et l'effet. Mais ce bénéfice est acquis au prix d'une abstraction formidable : on ne parlera plus de la nature des choses, mais de la nature comme système des rapports, comme totalité uniforme des causes et des effets (ce qui revient au même) ; on ne traitera plus les rapports comme étant autant de liens ontologiques qui uniraient les choses dans un monde qualifié, puisque ce sont les rapports qui désormais permettent de déterminer par la mesure les termes, et non l'inverse ; enfin, on réduira la causalité à la mesure qui l'exprime.

Toutefois, il y a une limite à cette abstraction, celle qui tient à la nécessité de maintenir la différence entre la réalité physique et son expression mathématique. Si la science moderne conduit à suspendre l'idée que les choses ont une essence ou une nature propre, ce n'est pas pour réintroduire indirectement l'idée que l'expression mathématique elle-même serait l'essence des choses, que les nombres gouverneraient le monde parce qu'ils en seraient la substance. La loi physique ne se réduit pas à la formule mathématique qui lui correspond. La mécanique, *a fortiori* la dynamique, et toute autre espèce de science physique, ne peuvent être confondues avec la géométrie ou l'algèbre. Car la géométrie n'est concernée que par les figures, l'algèbre n'a trait qu'à des signes, alors que la mécanique et la dynamique étudient des mouvements qui sont des effets dans le monde. Il y a donc une réalité proprement physique qu'il convient de recueillir dans l'observation ou dans l'expérience. Le recours à l'expérience est indispensable, quel que soit le degré d'élaboration de la théorie et même s'il faut reconnaître qu'une expérimentation est elle-même construite théoriquement.

Corrélativement, on ne confondra pas la relation physique de causalité avec l'ensemble des mesures qui l'expriment. Et, même si le terme de causalité efficiente s'est trouvé vieilli, on ne se dégagera pas totalement de la question de la nature physique de cette efficace qui s'exerce dans le monde. Newton donne certes l'expression mathématique de l'attraction universelle et il construit mathématiquement sa dynamique ; il déclare en outre ne pas savoir ce qu'est l'attraction (ce qui ne l'empêche pas d'en faire la théorie) ; cependant, il continue de se demander si elle est une propriété fondamentale de la matière.

Si donc l'expérience est requise, la question est alors : de quoi peut-il y avoir expérience ? En effet, nous avons vu que, mathématisée, la physique cessait d'être qualitative et qu'elle n'avait plus affaire à des choses ni à des qualités. C'est pourquoi, il faut admettre que la réalité physique n'est pas la réalité ordinaire que nous appréhendons dans notre monde commun. Quelle est-elle donc cette réalité ? On pourrait répondre que la mécanique, par exemple, est l'étude du mouvement, que le mouvement est un objet d'expérience bien connu de tous et qu'il suffit pour en traiter scientifiquement de le prendre plus abstraitement comme la propriété générale des corps, propriété qui demeure une fois qu'on a par abstraction dépouillé les corps de toutes leurs autres qualités. Mais en vérité, ce serait encore raisonner comme Aristote et faire du mouvement la forme universelle des êtres du monde. Or, désormais, le mouvement est un objet théorique qui est tel que le définissent les lois de la mécanique ou de la dynamique et tel qu'il est exprimé dans les équations correspondant à ces lois. Et nous n'avons certainement pas d'expérience d'un objet de cette sorte. En conséquence, la difficulté est de rapporter le monde théorique de la science au monde familier que nous habitons. Et on ne peut pas se contenter de les faire exister l'un à côté de l'autre, passant, selon le besoin, du laboratoire à la vie concrète et inversement. En effet, il y a ceci que l'expérience la plus élaborée théoriquement reste, en tant qu'expérience de la réalité, une expérience sensible, et que le monde de la science, qui ne doit rien quant à sa détermination au monde commun, repose d'une façon obscure, en tant qu'il est un monde et non simplement une construction mathématique, sur ce monde commun qui lui est antérieur.

La réponse des modernes, depuis Locke et Newton, est de dire que nous appréhendons dans l'expérience ou dans l'intuition sensible un divers de phénomènes empiriques ou, pour le dire dans le langage de l'époque, un divers d'idées sensibles. Ces idées sont ce que nous saisissons et nous représentons immédiatement dans notre esprit par le moyen de nos sens, au contact de la réalité. Elles sont des phénomènes, c'est-à-dire littéralement des *apparaître*, à la fois apparitions et apparences : le rouge, le dur, l'aigu, l'amer, etc. Ces phénomènes sensibles sont divers, ce qui signifie qu'ils surgissent dans notre expérience sans être liés entre eux ou que nous n'avons pas d'expérience sensible des relations qui les unit. Aussi, les choses du monde qui nous sont familières, la table, l'arbre, la montagne, ne sont-elles pas elles-mêmes données telles dans l'expérience, puisqu'elles sont déjà des collections de ces idées, reliées d'une certaine façon. Par ailleurs, ces phénomènes ont une nature paradoxale, qui suscitera beaucoup de débats entre les philosophes. En effet, d'un côté, ils constituent bien le fond de l'expérience, ce par quoi nous *touchons* l'Etre, ce dans quoi nous sommes instruits de ce qui est. Mais d'un autre côté, ils sont manifestement dépendants de notre nature sensible, de la propriété de chacun de nos sens : ce sont des couleurs, des formes, des sons, des saveurs, etc. Ils sont à la fois ce qui nous est donné, c'est-à-dire ce qui est le moins dépendant de

nous, et ce qui est le plus lié à notre nature sensible.
Comme le disent les Anglais, ce sont des *sense-data*.

Ceci posé, qui est indispensable puisque, encore
une fois, la science moderne, ayant rompu avec le
sens commun, ne connaît plus notre monde familier,
voyons comment la causalité peut être traitée quand
on établit ainsi en regard l'un de l'autre le divers
empirique donné, qui est apprésenté sensiblement, et
le monde théorique construit par la science et réglé
par les lois. Les phénomènes s'apprésentent d'une
façon générale dans l'espace et dans le temps : ils ont
un lieu et ils font événement. L'espace et le temps
sont la forme de leur diversité : ils apparaissent
divers par la position qu'ils y occupent. Or, la causalité elle-même est manifestement plus qu'un rapport
de contiguïté ou de succession : elle est un lien
nécessaire qui unit deux phénomènes, l'un étant la
cause et l'autre l'effet. Comment pouvons-nous
appréhender ce lien ?

* * *

Il y a deux façons de traiter la relation causale : *a
priori* ou *a posteriori*. Si on la traite *a priori*, cela
signifie que, l'idée de la cause étant donnée ainsi que
l'idée de l'effet, on peut établir par voie démonstrative que la seconde se déduit de la première,
comme on tire les propriétés du triangle de sa
définition dans les théorèmes de la géométrie. Or, il
est tout à fait douteux que l'efficience de la cause
puisse ainsi être établie, qu'il y ait des causes par

nature ou qu'un événement sans cause soit absolument impensable. Mais surtout, on se heurte à une difficulté majeure, celle de la détermination de la relation. Car, telle cause produit toujours tel effet, et non point n'importe quel effet. Il faut donc pouvoir démontrer que, l'idée de telle cause étant donnée, l'on peut en tirer l'idée de tel effet, et ainsi rapporter l'uniformité de la relation à la nature de la cause considérée. Or, *a priori*, n'importe quelle cause peut produire n'importe quel effet. La liaison causale n'est pas une relation de type analytique en vertu de laquelle l'idée de cette cause contiendrait l'idée de cet effet. Démontrer par un raisonnement *a priori* que tel effet déterminé doit suivre telle cause déterminée supposerait qu'on continue de considérer que la cause a une nature, une essence, qui est telle qu'elle produit l'effet. La relation causale n'est donc pas une relation purement rationnelle et doit être traitée comme une liaison synthétique qui suppose une information venant de l'expérience. Elle n'est pas un lien logique développant l'essence de la cause ; elle a une réalité qu'il faut appréhender empiriquement.

Pour en faire ainsi un objet d'expérience, il semble qu'il faille la traiter comme un phénomène, comme une idée sensible ; disons : l'idée d'efficace ou de pouvoir, idée régulièrement associée aux autres idées qui composent le tout de la chose dont on dit qu'elle est la cause. Soit cette expérience bien familière du feu consumant une bûche. Que me

donne l'expérience ? Ni le feu, ni la bûche, à strictement parler ; mais, d'un côté, une certaine couleur,
une forme fugitive, une odeur piquante, une impression de chaleur, etc., divers de phénomènes assez
régulièrement associés pour que l'esprit les unissent
en une chose à laquelle l'on donne le nom de *feu* ; de
l'autre côté, une autre couleur, une rugosité, une
dureté, un certain poids, etc., toutes idées sensibles
qui, unies, reçoivent le nom de *bûche*. Si, à présent,
l'on place ces divers phénomènes dans le temps, il est
manifeste qu'on peut les traiter comme une suite
d'événements plus ou moins complexes, au terme de
laquelle il se produit ceci que la bûche est réduite en
cendres. Or, que dis-je quand je dis que le feu est la
cause par laquelle la bûche a été consumée ? Si le feu
(qui est une collection unifiée de qualités ou de
phénomènes) a le pouvoir réel de brûler, il faut que
ce pouvoir soit lui-même un phénomène distinct,
dont je puis avoir l'expérience sensible propre, et
qui précisément entre dans la collection que je
nomme *feu*, alors qu'il est absent de la collection
bûche. Or avons-nous l'expérience d'un tel pouvoir ? Avons-nous l'expérience de ce pouvoir,
comme nous avons l'expérience de la couleur, de la
chaleur du feu ? Manifestement, non. Nous ne
discernons rien de propre qui serait la force ou
l'énergie par laquelle les causes, la nature en
général, peuvent produire leurs effets. Bref, nous
n'avons pas d'expérience sensible de ce pouvoir, et
par conséquent, nous n'avons pas d'expérience de la

causalité. Ainsi, la causalité ne peut ni être établie par démonstration à partir de l'essence réelle supposée des choses ni être perçue empiriquement. La causalité n'est rien d'objectif : elle n'est pas dans les choses, elle n'est pas dans le monde.

On sera tenté de protester que, à défaut de trouver dans les choses matérielles une propriété causale, du moins faisons-nous en nous-mêmes l'expérience d'un tel pouvoir. Je veux lever mon bras et mon bras se lève. La volonté n'est-elle pas une cause remarquable dont les effets sont innombrables ? Et cette propriété causale n'a-t-elle pas un nom qui a de l'importance pour les hommes, à savoir la liberté ? Ne discutons pas ici la question métaphysique de la liberté, et bornons-nous à considérer le lien de causalité entre l'acte volontaire de l'esprit et le geste corporel qui en résulte. Incontestablement, le geste suit l'acte volontaire. Mais avons-nous une connaissance du lien de causalité qui s'établit entre l'esprit et le corps ? Saisissons-nous par la conscience cette production causale ? En fait, ce dont nous sommes conscients, c'est de l'acte volontaire, puis du geste, mais jamais du rapport entre l'acte et le geste, même si l'expérience de cette liaison est tout à fait banale. Ainsi, non seulement la causalité n'est pas une propriété placée dans les choses matérielles ou dans le monde, mais elle n'est pas davantage une qualité assignable de l'esprit humain.

Cette conclusion violente à laquelle, faisant l'analyse critique des raisonnements de la science nouvelle, Hume parvient dans le *Traité de la nature humaine* et qu'il reprend dans l'*Enquête sur l'entendement humain*[1] ne fait scandale que si l'on veut faire à tout prix de la causalité une propriété de la cause. Toutefois, elle est beaucoup plus tolérable si l'on accepte d'en faire une relation. Car chacun admettra volontiers que si je dis : il y a des relations, la réalité des relations ne peut pas être entendue au sens de la réalité des choses, comme lorsque je dis : il y a de la neige sur la montagne. Ce qui nous est donné par l'expérience sensible ou par la conscience immédiate, ce sont les termes de la relation, et jamais la relation de causalité elle-même qui ne peut être déduite des termes ni perçue empiriquement au moment où nous percevons les termes. Et pourtant nous disons bien, précisément parce qu'elle n'est pas démontrable (si importantes que soient par ailleurs les démonstrations mathématiques qui supportent les théories physiques, mais qui travaillent sur des signes et jamais sur des événements) — nous disons bien que nous connaissons par expérience les liaisons causales qui unissent les choses ou les événements. Déjà nous admettons comme allant de soi que le propre d'un homme d'expérience est d'avoir acquis assez de familiarité avec le monde pour n'être pas déçu dans ses attentes ou ses espérances et pour

---

1. *Traité de la nature humaine*, livre I, 3ème partie, section 3, trad. A. Leroy, Paris 1946, Aubier. *Enquête sur l'entendement humain*, section IV, trad. A. Leroy, Paris 1947, Garnier-Flammarion.

pouvoir s'orienter en fonction des causes et anticiper constamment les effets. Mais, aussi bien, nous accordons que les raisonnements de causalité, puisqu'ils appartiennent aux sciences expérimentales, doivent être fondés sur l'expérience. C'est pourquoi, quoique le rapport causal ne soit pas perçu comme une qualité sensible, nous disons qu'il est pourtant connu par expérience. Assurément le mot *expérience* n'a pas dans les deux cas le même sens. Dans le premier cas, il s'agit de l'expérience qui nous est donnée par nos sens ; dans le second cas, il s'agit de l'expérience acquise par l'homme d'expérience ou répétée par le scientifique dans des procédures expérimentales. Toutefois, même en accordant cette distinction, il reste ceci d'étonnant que la relation de causalité entre deux choses est connue par expérience, bien qu'elle ne soit pas donnée par expérience.

Mais il y a encore plus étonnant. Il est en effet assez facile de comprendre que la relation de causalité ne soit pas perçue par les sens, puisque toute expérience sensible, considérée en elle-même, est particulière et contingente, et vaut comme un événement unique qui peut être semblable à d'autres événements, mais qui est bien singulier dans son existence ; et chacun sait qu'un événement, même si on peut essayer d'expliquer pourquoi il se produit, aurait pu par définition même ne pas se produire. Or, la relation de causalité, comme les autres relations au demeurant, a un caractère nécessaire et universel. Quand une cause est donnée, j'attends un effet, et qui plus est un effet déterminé ; et je puis le faire parce que je sais que, d'une façon générale, il est nécessaire qu'un effet suive de toute existence donnée ou, inversement, que toute existence nouvelle ait une cause, et que, telle cause étant donnée, il est nécessaire que tel effet s'ensuive. D'autre part, je ne doute pas que dans des circonstances identiques une cause semblable produira tout aussi nécessairement un effet semblable et que la même relation prévaut universellement, dans toutes les occurences comparables. Encore une fois, aller chercher le fondement de cette universalité et de cette nécessité dans les raisonnements mathématiques qui accompagnent l'analyse physique et qui, étant *a priori*, possèdent de droit ces caractères, ne peut être admis. Si je n'étais pas informé par expérience que le feu brûle, que la lune exerce une attraction sur les océans terrestres, etc., jamais je ne pourrais prédire les marées ni avoir cette certitude que je ne dois pas mettre la main dans le feu. En ce sens, on ne confondra jamais la nécessité physique des lois de la nature avec la nécessité formelle des démonstrations mathématiques qui permettent de les établir et qui les expriment. Mais on se trouve alors pris dans un embarras sceptique dont on voit difficilement comment s'échapper : comment fonder le caractère universel et nécessaire de la relation causale (ou de la loi physique), si on ne peut se rapporter qu'à l'expérience qui n'a pas un tel caractère ? Cet embarras est d'autant plus important qu'il concerne toute espèce de science de la nature, les raisonnements de causalité caractérisant toutes les connaissances qui portent sur un objet qu'elles ne tirent pas d'elles-mêmes.

La solution de Hume[1] est la suivante : jamais on ne pourra montrer de manière suffisante comment ce qui est contingent et particulier peut fonder ce qui est nécessaire et universel ; jamais on ne pourra justifier un raisonnement de causalité en le dérivant de l'expérience ; jamais on n'établira en raison une loi physique en la vérifiant par une expérimentation. Sur la question de droit, le sceptique l'emporte définitivement. En revanche, s'il est vrai que jamais un fondement rationnel ne sera apporté aux raisonnements de causalité, il est tout aussi vrai que nous ne cessons de pratiquer de tels raisonnements et que, ordinairement, que ce soit dans la vie commune ou dans l'exercice de la science, nous ne nous en trouvons pas plus mal. A défaut donc de justifier nos inférences causales, nous pouvons tenter d'expliquer comment nous les faisons et quel en est le résultat.

Que donne l'expérience à l'esprit ? Soit deux phénomènes distincts, le feu ardent et la combustion. J'observe d'abord que ces deux phénomènes sont contigus, qu'ils se touchent en quelque manière, que leur rapport est direct (s'il y avait un ou plusieurs

1. *Traité de la nature humaine*, I, 3, 14. *Enquête sur l'entendement humain*, section VII.

phénomènes intermédiaires, j'aurais alors affaire à une chaîne causale). J'observe ensuite que l'un de ces phénomènes est antérieur à l'autre et qu'il y a un ordre de succession. Je remarque enfin que, si mon expérience est assez vaste et variée, la conjonction ainsi observée des deux phénomènes ne cesse de se répéter, qu'il y a une régularité de la liaison considérée dans toute mon expérience passée. C'est tout ce que je peux tirer de mon expérience du monde. Ce qui est peu, puisque, au total, je n'ai rien que la répétition monotone de la juxtaposition des deux phénomènes par contiguïté et antériorité ; je n'ai rien qu'une régularité. Or chacun sait qu'il ne suffit pas d'observer une conjonction régulière entre deux phénomènes pour en conclure que le premier est la cause du second. Et pourtant c'est assez, car, à tort ou à raison, l'esprit instruit de cette expérience passée en prend en quelque sorte le pli et acquiert l'habitude d'attendre le second phénomène quand le premier lui est donné – ce qui est assurément dépasser tout ce que donne l'expérience acquise de laquelle je ne saurais tirer le droit d'aucune expérience future. En effet, l'expérience passée me donne une simple conjonction qui ne renferme aucune espèce de nécessité, parce que, à considérer les seuls phénomènes, il pourrait très bien se faire à l'avenir, mon expérience passée fût-elle parfaitement constante, que le premier ne soit pas suivi du second. Généralité n'est pas universalité, conjonction n'est pas implication. Ou, en d'autres termes,

quand j'attends un effet, la cause étant donnée, je fais
tout autre chose que ce que je faisais dans mon expérience antérieure : dans celle-ci j'observais que le
second phénomène suivait régulièrement le premier,
les deux phénomènes m'étant successivement donnés. Or dans le cas présent, le premier phénomène
m'est bien donné, mais non le second, puisque je dis
que ce second phénomène *doit* se produire : j'anticipe sur une expérience que je n'ai pas encore faite et
que je ne ferai peut-être pas. Le propre des inférences causales est donc, partant de l'expérience, de
ne cesser de la dépasser. Assurément, si la loi, si le
rapport de causalité était déjà établi en sa nécessité, il
n'y aurait pas de difficulté à ce que j'attende que
l'effet se produise, puisque je saurais par avance
qu'il doit nécessairement se produire. Or cette
nécessité, étant précisément ce qui est en question,
fait défaut. Encore une fois, à un point de vue
critique, on ne sera jamais fondé à tirer d'une
juxtaposition régulière des phénomènes, si constante
et si générale soit-elle, une liaison nécessaire. Or, en
quelque manière, c'est bien à une telle confusion que
l'esprit procède. Droit ou pas droit, ayant pris le pli
de l'expérience passée, il passe par habitude du
premier phénomène, qui est donné, au second, qui
n'est pas donné.

Chacun admettra volontiers qu'il n'y a rien là
que de naturel, que nous ne cessons de faire de telles
inférences, qu'on peut dire que le sens commun en
abuse, multipliant indûment les liaisons, parce qu'il

a besoin de se sentir en sécurité dans un monde familier, et que les savants, dans les sciences expérimentales, ne laissent pas de les pratiquer, même si, plus avisés, ils tentent de corriger cette tendance naturelle et de restreindre le nombre des causes. S'il ne s'agissait que de constater un procédé mental, il n'y aurait pas de difficulté. Mais, lorsqu'il y a inférence causale, l'esprit fait plus : d'une part, il pose l'existence du second phénomène qui n'est pas donné, c'est-à-dire, il juge de la réalité du monde, ce qui est proprement un acte intellectuel ; d'autre part, il tient le premier phénomène comme étant la cause et le second comme étant l'effet (ou éventuellement l'inverse, si c'est l'effet qui est donné et non la cause), posant de la sorte ce caractère de nécessité dont nous avons reconnu qu'il accompagnait toute liaison causale, et faisant de lui la marque des lois de la nature. Instruit par l'expérience passée de la conjonction constante des deux phénomènes, c'est-à-dire affecté par cette expérience passée au point d'en prendre le pli, l'esprit est déterminé à poser l'existence de l'effet futur (ou de la cause absente) ; et de la nécessité qui règle ce jugement et qui n'est pourtant rien que la représentation de cette détermination subjective de l'esprit à inférer dans de telles circonstances, il fait un principe objectif valable universellement pour tout ce qui se produit dans le monde. A défaut du fondement de la nécessité propre aux liaisons causales, nous avons bien fini par trouver le ressort de nos inférences causales, à savoir cette détermination subjective de l'esprit à associer régulièrement les deux phénomènes dont il est dit que l'un est la cause et l'autre l'effet, au point même d'anticiper ces liaisons. Mais personne (et Hume moins que quiconque) ne confondra origine et fondement, inférence et raisonnement, genèse et légitimation de droit.

Hume est tout à fait conscient qu'une telle doctrine de la causalité est rationnellement monstrueuse. Tirons-en en effet les implications. La première est tirée par l'auteur du *Traité de la nature humaine* lui-même et ne sera guère remise en cause après lui, même si l'on discutera de la façon dont il faut la comprendre. La causalité qui est placée dans les choses, n'est pas dans les choses, mais dans l'esprit. Ce pouvoir de causalité que nous cherchions dans la nature comme une propriété cachée à découvrir n'est rien qu'une détermination de l'esprit : c'est l'esprit qui institue des liaisons causales nécessaires et universelles entre les phénomènes. Si le monde obéit à des lois, si toute existence, tout événement qui s'y produit a une cause, si telle cause, par un déterminisme strict, engendre toujours tel effet précis (du moins dans la dimension macrophysique), c'est par la nécessité que l'esprit y introduit. Car l'esprit ne laisse pas de rapporter aux choses les liaisons qui unissent ses idées et de projeter sur le monde le principe de détermination qui est en lui. Cette thèse est de grande importance, car elle signifie qu'il faut cesser de comprendre désormais la causalité en termes métaphysiques, et qu'il faut l'aborder dans le cadre d'une théorie de la connaissance physique. Vouloir, comme le faisait Aristote, chercher dans l'être même des choses la causalité, ou la placer dans la volonté du Créateur, comme on le faisait encore au XVIIIᵉ siècle et ce qui est encore une façon de la traiter métaphysiquement, c'est se lancer dans une entreprise vaine qui est vouée à tomber sous les coups de la critique sceptique.

Cela accordé, il y a débat sur la manière de comprendre ce « pouvoir » de l'esprit. Et de Kant à Popper et à bien d'autres, une critique très fréquente a été lancée contre Hume, celle de tomber dans le subjectivisme. En effet, Hume ne fournit pas les moyens de saisir comment une détermination de l'esprit peut devenir un principe objectif pour les choses. Il traite, dit-on, cette détermination de l'esprit à l'inférence comme un effet psychologique, celui de l'habitude. Et l'on peut certainement faire une psychologie de la connaissance, propre à étudier les effets sur l'esprit de la longue expérience que celui-ci a des phénomènes. Mais ce faisant, on ne saisira – empiriquement – que des faits subjectifs de peu d'intérêt, lorsque l'on veut comprendre comment l'esprit *règle* selon des lois les phénomènes et les compose en ce système uniforme et déterminé que l'on appelle le monde ou la nature. Que trouve-t-on dans l'explication de Hume, lequel fait expressément du principe de causalité un principe d'association de l'imagination ? Les phénomènes étant donnés divers, l'esprit les associe, c'est-à-dire, l'imagination les unit par juxtaposition de telle façon qu'elle passe régulièrement, quand le lien est bien établi, d'un phénomène à l'autre, d'une idée à l'autre. Hume ne fait-il pas lui-même de l'habitude un principe de l'imagination ? Or une habitude n'est rien qu'une habitude ; elle instruit un comportement, elle ne fixe pas une règle. Qui plus est, elle ne pense pas. La relation de causalité n'est pas pensée comme telle, dans son caractère d'universalité et de nécessité. Bref, Hume poserait la bonne question et dans les termes qui conviennent, mais il n'apporterait pas la bonne réponse, et en vérité il n'apporterait pas de réponse du tout.

Hume se défendrait certainement d'une telle accusation et ferait observer que l'habitude, étant un principe de l'imagination, est quelque chose de tout à fait obscur qu'il est impossible de saisir dans quelque évidence psychologique que ce soit, et qu'y rapporter le pouvoir de liaison ou de synthèse de l'esprit n'est certainement pas se donner les moyens de justifier ce pouvoir. En fait, la critique de psychologisme adressée à Hume cache une critique plus fondamentale, qui touche à une seconde conséquence de l'analyse du philosophe écossais et qui marque le point où a lieu le véritable affrontement. Hume fait une théorie sceptique de la causalité, non seulement par la critique sceptique qu'il adresse à toute conception métaphysique de la causalité, mais encore par la qu'est-ce que la causalité ? / 37

solution sceptique (selon son propre mot) qu'il apporte à la question. Tous ceux qui à la fois louent et dénoncent Hume pour sa doctrine exigent quelque chose qu'il n'accorde pas. Certes, l'auteur du *Traité* a mené la critique définitive de toute tentative de fondement métaphysique de la causalité (la causalité comme propriété des choses, comme omnipotence du Créateur, ou comme liberté humaine). On lui reconnaît ce grand mérite. Mais, faisant cela, il a renoncé, ajoute-t-on, à toute exigence de fondement, pour aller chercher l'origine de nos inférences causales. Or de quoi s'agit-il ? De rien moins que de l'entendement lui-même, de la connaissance objective. Renoncer à fonder en vérité la causalité, c'est tout simplement dire que nos raisonnements de causalité sont sans justification rationnelle possible, que, s'ils ne sont pas sans cause, ils sont à strictement parler sans raison. Peut-on accepter ainsi que la connaissance humaine, dont la réalité n'est pas contestée par Hume, grand admirateur de Newton, soit dépourvue de rationalité ; que, lorsqu'on parle de la relation causale rien ne soit pensé par l'entendement, lequel serait seulement poussé, en quelque sorte, par l'imagination ; qu'on ne puisse traiter de ce caractère de nécessité et d'universalité à quoi l'on reconnaît les lois établies par la science, qu'en le rapportant à une régularité, à une conjonction constante qui n'a avec lui aùcune proportion ? Peut-on admettre que, lorsqu'on dit qu'un phénomène est la cause d'un autre phénomène, cela ne signifie pas qu'il en est la raison, et que l'esprit, dans son exercice de la science, dans son discours de science, n'est pas rationnel ?

* *
*

L'enjeu est majeur, puisqu'il y va de la rationalité de la science elle-même. L'analyse humienne aboutit à ce résultat, touchant la causalité, que tout exercice fondateur du principe de raison mène à un embarras sceptique : non seulement est interdit un usage métaphysique de ce principe, quand on confond avec Aristote la recherche des causes et la recherche des principes, quand on traite la causalité comme l'intelligibilité qui serait dans la nature elle-même (et on saura gré à Hume d'avoir mené cette critique) ; mais encore, puisqu'on ne peut fonder rationnellement les raisonnements de causalité, la connaissance scientifique elle-même, dans la conscience critique qu'elle peut avoir de ses propres opérations, est pressée d'abandonner toute exigence logique et d'admettre que la rationalité n'est ni dans les choses, ni dans l'esprit lui-même quand il connaît les choses ; ce qu'on tiendra pour inacceptable. C'est pourquoi, les tentatives faites pour répondre au scepticisme de Hume seront des tentatives de restauration logique et de validation rationnelle de la connaissance scientifique. On peut les classer en deux grandes catégories : celles d'une part qui relèvent de la logique transcendantale promue par Kant, celles d'autre part qui dépendent des développements plus récents d'une logique ou d'une épistémologie essentiellement formelle.

Commençons par Kant, lecteur et critique direct de Hume. Dans la *Critique de la raison pure*[1] Kant oppose à son prédécesseur la distinction entre la question de fait et la question de droit. La raison a compétence pour mener l'analyse critique de la connaissance, c'est-à-dire qu'elle ne peut pas être déçue par elle-même. Assurément, Kant parachève sous la forme de la « révolution copernicienne » l'argument humien : la causalité ne peut être connue dans les choses (et en ce sens la connaissance humaine, si rationnelle soit-elle, touche une limite indépassable au plan spéculatif) ; elle n'est qu'une relation appliquée au divers des phénomènes donnés, et cette relation est une catégorie de l'entendement, lequel l'objective dans le monde qui est le corrélat de son acte de connaissance. Mais, précisément, puisque la catégorie de causalité, qui est un concept primitif, appartient à l'entendement, on doit pouvoir démontrer en raison comment elle fonde (avec les autres catégories) la connaissance de la nature.

1. *Critique de la raison pure*, trad. de A. Trémesaygues et B. Pacaud, 1ère éd. Paris, 1905, Nlle éd. 1944, éd. disponible, 1986, P.U.F. L'analyse que fait Kant de la causalité est solidaire de l'étude générale de l'entendement conduite dans « l'analytique transcendantale » ; mais elle est plus particulièrement développée dans « l'analytique des principes », sous le titre des « analogies de l'expérience ».

Qu'observe-t-on ? La physique, ce qu'on appelle encore au XVIIIᵉ siècle la philosophie naturelle, a fait la preuve de sa réussite, réussite due à son double caractère mathématique et expérimental. Elle établit des lois, dont la forme est universelle et nécessaire et qui s'expriment dans des formules mathématiques. Si l'on veut rendre compte légitimement de cette forme de la connaissance, si l'on s'interroge sur les conditions de sa possibilité, il importe de la rapporter à un fondement suffisant. Or, Hume renvoyait la relation de causalité, qui est intellectuelle, à l'association qui est une transition régulière de l'imagination ; il en cherchait l'origine dans l'expérience, alors que l'expérience ne nous donne que le divers sensible, et jamais la relation elle-même ; il dérivait la forme légale des lois naturelles (qui prescrivent la liaison des phénomènes et permettent donc de les anticiper) à partir de consécutions de fait. Il faut donc, au nom de l'exigence de droit, franchir le Rubicon et poser que la causalité est une catégorie, un concept premier de l'entendement permettant de penser la relation des phénomènes qui se succèdent dans le temps, lequel concept ne doit rien à l'expérience, mais permet l'expérience. On ne peut connaître sans penser ce par quoi l'on connaît ; on ne peut connaître les lois de la nature dans leur caractère universellement prescriptif touchant toute espèce d'existence, sans penser le concept pur et *a priori* de la causalité et sans poser le principe qui lui correspond comme devant être satisfait par toutes les lois empiriques que le savant est susceptible de dégager. Connaître, établir une loi, inférer un effet, c'est toujours juger de la réalité du monde et de ce qui s'y trouve. Un tel jugement brasse une matière empirique qui, de façon plus ou moins simple, nous est donnée par les sens dans l'espace et dans le temps. Plus précisément, le jugement fait la synthèse de ce divers empirique, il l'unit sous un ou divers points de vue. Ainsi, dans une loi scientifique qui porte sur la liaison des existences ou des événements, il unit ce divers sous le point de vue de la causalité. Mais la science, loin de se contenter de réaliser cette union par association, par transition d'un phénomène à un autre, tâche que l'on peut bien accorder à l'imagination, prescrit cette synthèse en en pensant l'unité grâce à la catégorie de causalité qui est l'un des trois concepts premiers de la relation (les deux autres étant ceux de la substance et de la simultanéité). On pourrait résumer la thèse de Kant de la façon suivante : on ne peut connaître sans penser ; penser n'est pas imaginer, c'est juger, et dans la connaissance scientifique l'on juge toujours selon une règle ; la règle ne peut être tirée de l'expérience ; il faut donc en dériver le caractère déterminant de la forme même de concepts purs *a priori* (en l'occurence, le concept de causalité).

Reprenons notre exemple naïf : le feu brûle la bûche. C'est une expérience que nous sommes susceptibles de reproduire bien souvent et le même constat sera répété dans de nombreux jugements de perception. Mais si je dis : tout feu brûle toute espèce de bois, entendant par là que si je place une bûche dans le feu elle brûlera nécessairement, j'en dis plus que ce que me fournit mon expérience, si constante soit-elle. Précisément, je donne forme de loi à mon expérience, forme que je peux exprimer en des termes beaucoup plus savants. Et, jugeant de la sorte, je ne me contente pas de relater mon expérience subjective, j'énonce une loi objective qui est valable pour les choses et que tout autre être raisonnable admettra (si je ne me suis pas trompé) ; et je prescris toute expérience possible touchant la combustion des matières organiques. Or cette puissance objective de la loi sur la nature (que je ne puis extraire métaphysiquement de la nature elle-même) a son fondement dans la catégorie de causalité qui est la condition de possibilité pure et *a priori* de la connaissance physique.

Si Kant, de la sorte, se donne les moyens de combattre le scepticisme de Hume, en traitant la causalité comme une catégorie, comme un concept primitif et *a priori* de l'entendement qui expose les conditions de possibilité de la connaissance, il se trouve néanmoins soumis au devoir d'expliquer comment la catégorie de causalité (et toutes les autres catégories) peuvent se rapporter au divers empirique donné par les sens, pour se voir doter d'une validité objective. Comment établir la réalité objective du concept pur de la causalité, de telle sorte qu'on puisse l'exprimer dans le principe de la causalité qui est mis au fondement de la connaissance des lois de la nature ? Faute d'une telle analyse, d'une telle logique transcendantale, la solution kantienne ne serait que formelle et se bornerait à poser comme logiquement intangible ce que Hume précisément met en cause. L'auteur de la *Critique* s'acquitte de cette tâche dans la « déduction transcendantale », tâche qui s'est avérée si délicate qu'il a modifié dans la seconde édition de la *Critique de la raison pure* le chapitre consacré à cette question.

N'entrons pas dans le détail et essayons de comprendre en quoi le concept pur de causalité, qui est une catégorie de l'entendement au sens énoncé ci-dessus, peut être une condition transcendantale de possibilité de la connaissance, c'est-à-dire la condition de la présentation objective de toute liaison des phénomènes dans la nature. Que veut dire transcendantal ? La difficulté est la suivante. Tout concept, quel qu'il soit, est composé d'une forme et d'un contenu. La forme logique du concept est ce qui supporte le caractère d'universalité et de nécessité qu'exige toute science. Le contenu du concept, dans les sciences de la nature, est empirique et est fourni par l'expérience sensible. Le donné empirique a une nature mixte : d'une part il est ce par quoi la réalité même nous apparaît ; mais d'autre part cette réalité nous apparaît selon nos sens, c'est-à-dire selon la dimension subjective attachée à la nature humaine. La science moderne nous a appris que la réalité du monde n'est pas telle que nous la percevons par nos sens, même si nous n'avons pas d'autre accès à elle que par ces mêmes sens. Quant à la forme du concept, elle est certes rationnelle et se légitime de la sorte d'emblée, mais nous ne pouvons pas la traiter métaphysiquement, c'est-à-dire prétendre en dériver une connaissance pure et *a priori*. Penser n'est pas connaître. En vérité, la forme du concept, considérée en elle-même, est une structure purement logique ; et, lorsqu'il s'agit des catégories, elle se confond avec la fonction de synthèse de l'entendement. Or, cet entendement ne peut tirer de lui-même la vérité des choses. Il ne peut même pas tirer de lui-même la pensée d'un objet déterminé. Ainsi, dira-t-on, la catégorie de causalité est bien une forme pure de l'entendement et, à ce titre, elle exerce la fonction logique de synthèse ou de liaison des phénomènes qui est la sienne. Mais le monde obéit-il à la causalité ? Les lois de la nature n'étant ni extraites empiriquement du monde, ni connues métaphysiquement et *a priori*, peut-on établir qu'il est impossible qu'il soit indéterminé ? En conséquence, pour qu'il y ait connaissance, il faut que la forme nécessaire et universelle de la synthèse se rapporte au divers des phénomènes donnés. Il faut que la catégorie de causalité se rapporte à un divers qui est présenté dans le temps et que, pour cela, elle s'applique au temps en général qui est la forme sensible de toute présentation successive du divers. Et c'est à cette condition que l'entendement peut avoir des objets de connaissance déterminés, que l'information empirique est susceptible de prendre le statut de réalité objective et que le concept peut recevoir une validité objective. La réponse de Kant réside dans ce rapport mutuel, mais inégal, entre la forme pure du concept et la réalité empirique. La causalité ne peut être un principe pour la connaissance de la nature que si l'on fixe la possibilité rationnelle d'une telle connaissance dans la fonction synthétique de la catégorie de la causalité, et que si, par ailleurs, on limite l'exercice de cette fonction – qui prise en elle-même n'est que logique –, à un usage simplement empirique, que si, par conséquent, on l'applique à une matière d'expérience. L'écart transcendantal de la forme logique de la catégorie de causalité et de la matière empirique sensible donnée successivement dans le temps est la condition de la connaissance objective de la nature, connaissance qui est plus que le savoir empirique que nous pouvons avoir des choses (là, l'association humienne suffit), mais qui ne peut prétendre égaler ce que serait une connaissance métaphysique *a priori* des choses mêmes. Lorsque l'esprit humain prétend appliquer le principe de causalité à des questions qui dépassent toute expérience possible (par exemple, la question de l'origine du monde ou de la cause première) il tombe dans des antinomies, dans des raisonnements antithétiques dont il ne se sort pas aussi longtemps qu'il prétend parvenir à un tel savoir.

Nous pouvons maintenant formuler le principe de causalité et entrer plus avant dans sa fondation transcendantale. Le principe s'énonce ainsi : « Tous les changements se produisent suivant la loi de liaison de la cause et de l'effet »[1]. Considérons un événement se produisant dans le monde. Cet événement n'est pas un pur surgissement d'existence qui ne serait précédé de rien, ou une création *ex nihilo*. Un événement est toujours un changement, ce qui suppose qu'en lui on passe d'un état antérieur à un état postérieur et qu'il y ait un certain sujet qui demeure tout en étant soumis au changement. Je perçois donc que deux phénomènes (deux états des choses) se succèdent. Dans l'appréhension de l'événement, mon esprit relie donc deux perceptions dans le temps. Mais cette liaison subjective des deux perceptions qui sont miennes dans le temps, lequel est la forme du sens interne, n'est pas une marque suffisante de l'événement. En effet, quand je regarde une maison, je peux lever les yeux du sol vers le toit ou les abaisser du toit vers le sol. J'ai également deux perceptions appréhendées successivement, mais personne ne dira que le sol est antérieur au toit. Autrement dit, le cours de mes perceptions dans mon esprit ne donne pas l'ordre de la succession, ordre qui n'est pas réversible. « La simple perception laisse indéterminé le rapport objectif des phénomènes qui se succèdent »[2], les phénomènes n'étant pas à considérer seulement comme des représen-

---

1. *Critique de la raison pure*, trad. citée, p. 182.
2. *Critique de la raison pure*, p. 183.

tations subjectives dans mon esprit (des objets de conscience), mais encore comme les objets des représentations elles-mêmes. Or, d'où tenir ce rapport objectif, sans lequel mes représentations, quoique distinctes subjectivement, tomberaient quant à leur objet dans une totale confusion, et sans lequel, par conséquent, aucune perception empirique d'événement ne serait possible ? La réponse est que je ne puis introduire un ordre objectif des phénomènes dans le temps et déterminer l'antécédent et le conséquent, qu'en traitant le premier comme la cause et le second comme l'effet et qu'en établissant entre les deux un rapport de nécessité. La saisie de tout changement n'est possible qu'à la condition que la catégorie de la causalité impose au divers des phénomènes la forme conceptuelle de la nécessité. Le raisonnement de Hume est proprement retourné : celui-ci, ayant fait de la contiguïté et de la succession un donné d'expérience, posait la question (question sans réponse) : comment introduire le lien de nécessité qui fait de l'antécédent la cause et du conséquent l'effet ? Kant renverse l'argument : la nécessité qui caractérise le rapport de la cause et de l'effet est la condition de la détermination de l'ordre de succession, c'est-à-dire de l'appréhension empirique de l'événement. Ainsi est établie la validité du principe de causalité, puisqu'il est la condition de possibilité de l'expérience effective du changement.

Sans cette règle de la causalité, nous n'avons que le divers des représentations ou des phénomènes qui, certes, se succèdent, mais qui ne permettent pas de distinguer un objet, puisque la succession n'étant que subjective accompagne toute espèce d'appréhension, quelle qu'elle soit. Ce qui revient à dire que sans l'application du principe de causalité il ne peut être établi de réalité objective. Or, un tel argument exclut qu'on se représente le rapport de causalité comme s'ajoutant à deux objets pré-existants dans le temps, dont on dirait alors que l'un est la cause et l'autre l'effet. Car, sans ce rapport, je n'ai qu'une succession subjective de perceptions, lesquelles, en l'absence d'un ordre déterminé du temps, n'ont pas d'objet déterminé. La causalité est donc la règle qui permet l'expérience de tout objet comme existence dans le temps, existence qui n'est présentable que comme la conséquence d'un état ou d'un objet antérieur. Ainsi, ne sera-t-on pas tenté d'en revenir à la compréhension commune (ou aristotélicienne) de l'objet comme étant la chose déjà là, s'offrant à l'appréhension. Sous la règle de la causalité, l'objet, c'est d'une façon générale la succession déterminée des phénomènes, c'est-à-dire le temps lui-même, en tant que l'ordre de ses moments est déterminé nécessairement, l'antécédent produisant le conséquent ; ou l'on dira encore que l'objet est l'événement, non point en tant qu'il serait une affection du temps (n'y ayant pas de temps absolu appréhendable empiriquement), mais en tant qu'il est posé à une place déterminée du temps par les événements qui l'ont précédé. On l'a compris, nous avons affaire ici au monde de la science physique, à la nature comme système déterminé des phénomènes [1].

Il reste à comprendre le sens de la règle elle-même. Que le principe de causalité introduise dans les phénomènes une détermination universelle et nécessaire par laquelle est constituée la réalité objective, cela relève de la nature de tout principe premier de l'entendement. Mais ce qui est déterminé ainsi, c'est une existence, en sorte que dans l'ordre réglé du temps toute existence, tout événement, qu'on l'anticipe dans une inférence causale ou même qu'on l'appréhende empiriquement, relève d'une condition, ce qu'on appelle sa cause, qui est le fondement de sa réalité objective. On trouve dans ce qui précède la condition qui fait que l'événement suit toujours. Ce qui signifie deux choses : d'une part, que l'événement suit nécessairement ; d'autre part, que la cause suffit à le produire ; bref, que la cause est la raison nécessaire et suffisante de l'effet. « Le principe de raison suffisante est donc le fondement de l'expérience possible, je veux parler de la connaissance objective des phénomènes au point de vue de leur rapport dans la succession du temps » [2]. Dans l'ordre déterminé du temps (il ne s'agit pas ici de faire un usage métaphysique du principe de raison), la réalité de la cause est la condition nécessaire et suffisante de la réalité de l'effet ; et l'on

1. Pour plus de développement, voir J. Vuillemin, *Physique et métaphysique kantiennes*, Paris, P.U.F., 1955.
2. *Critique de la raison pure*, p. 189.

peut ajouter que la même quantité de réalité se conserve ainsi de la cause à l'effet, dans le changement même de la réalité. Ainsi, Kant rétablit-il dans la connaissance objective, qui est une connaissance causale, la rationalité que les analyses de Hume avait expulsée. Au point de vue de la logique transcendantale, la causalité satisfait la raison critique.

* *

Nous venons de voir que le traitement kantien de la causalité supposait que l'on passe à la question de droit, que l'on satisfasse l'exigence d'une critique rationnelle, et non sceptique, du pouvoir humain de connaître. Mais ce traitement reste impur, en ce sens qu'il n'est pas libre de toute considération métaphysique. La catégorie de causalité n'a de validité objective que si son usage est empirique, c'est-à-dire que si, pour établir son droit, on admet le fait métaphysique de la limitation de la connaissance humaine, puisqu'on pose que, touchant les choses en soi, on ne peut user de cette catégorie et que l'esprit humain ne peut pas connaître si un donné sensible ne lui est pas fourni. D'une façon générale, la question du rapport entre la forme du concept et le donné empirique, l'entendement et la sensibilité, est transcendantale quand on va de l'entendement à la sensibilité, mais métaphysique quand on va de la sensibilité à l'entendement. Ne pourrait-on pas, dans ces conditions, faire l'économie de cette dimension métaphysique résiduelle et traiter d'une façon purement critique de la causalité ? Ne pourrait-on pas traiter de la causalité, puisque l'on sait désormais qu'il n'y a pas à la chercher dans les choses, comme une exigence purement formelle et la faire valoir comme l'essence de la légalité des lois scientifiques ? Le courant néo-kantien de la seconde moitié du XIXᵉ siècle s'est attelé à cette tâche et a livré au XXᵉ siècle un héritage encore vivace. Prenons en le terme au delà duquel il n'est plus possible d'aller et considérons, à titre exemplaire, les analyses de Karl Popper.

L'argument de Popper[1] est extrême dans la mesure où il dissout le problème, métaphysique ou transcendantal, de la causalité et lui substitue le problème, logique, de l'induction. Kant avait repris de Hume la question de la nécessité du rapport entre la cause et l'effet et, en réponse au traitement sceptique fait par Hume de cette question, il faisait du principe de causalité un principe synthétique *a priori*, informant toutes les lois de la nature et valide pour toute expérience possible. Pour cela était requise la « révolution copernicienne », en vertu de laquelle c'est l'entendement humain, qui appliqué au donné d'expérience, impose à la nature sa légalité.

---

1. Nous suivons les développements faits par Popper dans *Objective Knowledge* (Oxford, 1972) traduit sous le titre *La connaissance objective*, Paris 1978, Payot, chap. 2. Pour un traitement plus complet, voir *Logik der Forschung* (Vienne, 1934), traduit sous le titre *La logique de la découverte scientifique*, Paris, Payot, 1973.

Ainsi posé, le choix serait entre le psychologisme de Hume et l'apriorisme de Kant. Or il convient, dit Popper, de récuser le premier pour son irrationalisme ; et le second ne résiste pas aux conséquences épistémologiques du devenir de la physique, devenir qui a montré que la dynamique newtonienne n'était qu'une théorie et ne pouvait avoir valeur d'ordre de la nature même, et qu'en conséquence vouloir fixer les principes purs de l'entendement humain n'était jamais qu'établir les conditions formelles et le langage d'une théorie particulière, historiquement située. Il faut donc abandonner la recherche du fondement métaphysique ou critique de la nécessité, qu'on le trouve dans une impression de réflexion ou dans un concept pur et primitif, et porter son attention sur la question de l'inférence causale, c'est-à-dire la question du raisonnement expérimental. Or, sur ce point, Hume est plus fécond que Kant, car il a clairement posé la question logique de l'induction en établissant les deux principes suivants : « il n'y a rien dans un objet considéré en lui-même qui puisse nous apporter une raison de tirer une conclusion qui le dépasse » et « même après l'observation d'une fréquente ou constante conjonction d'objets, nous n'avons pas de raison de tirer une inférence concernant un objet autre que ceux dont nous avons eu l'expérience »[1]. Ainsi compris et posé négativement,

---

1. *Traité de la nature humaine*, I, 3, 12, trad. Leroy, p. 222-223.

le problème de l'induction revient à savoir si nous avons le droit d'inférer des cas qui ne sont pas observés à partir de cas observés, quel que soit leur nombre. Et pour résoudre ce problème, il n'est plus requis de parler de cause et d'effet, de liaison nécessaire entre des événements.

Or, Hume a résolu négativement le problème de l'induction en montrant qu'il était insoluble. Mais il n'a pas tiré la conséquence : ce problème n'existe pas. Reprenons l'ensemble de l'argument de Popper en partant de la notion d'explication. Les raisonne-ments des sciences expérimentales diffèrent des rai-sonnements mathématiques en ce sens qu'ils expli-quent les choses et qu'ils ont trait à la nature en général, alors que les mathématiques ne sont occu-pées que par des objets logiques. Pour qu'il y ait explication, il faut d'abord que le raisonnement ait quelque rapport avec la réalité des choses, dans l'expérience ou dans les expérimentations auxquelles procèdent les sciences physiques. Mais il faut égale-ment que le raisonnement ait une forme logique particulière, et une forme telle qu'elle prescrive le rapport du raisonnement ou de la théorie aux choses.

« Donner l'explication causale d'un événement signifie déduire un énoncé qui le décrit, en utilisant comme prémisses de la déduction une ou plusieurs lois universelles, associées à certains énoncés singu-liers, qui sont les conditions initiales »[1]. Popper

1. *Logique de la découverte scientifique*, chap. 3, § 12.

fournit un exemple : je donne une explication causale de la rupture d'un certain fil si j'ai trouvé que le fil a une force de tension de 1 kilogramme et que le poids qui est accroché est de 2 kilogrammes. Dans cette explication causale, on trouve d'abord l'hypothèse selon laquelle tout fil se rompt quand il est tendu par un poids qui excède sa force de tension, hypothèse qui est une proposition universelle pouvant être élaborée au sein d'une théorie dynamique ; ensuite, les conditions de la présente déduction : sont considérés ici une force de tension de 1 kilogramme et un poids de 2 kilogrammes, conditions qui sont exprimées dans des énoncés singuliers du type : le poids accroché à ce fil est de 2 kilogrammes. Et l'on voit que l'hypothèse et les conditions initiales étant données, l'on peut déduire la conséquence et faire une prédiction concernant l'expérience présente. Les conditions initiales constituent ce qu'on appelle la cause et la prédiction décrit l'effet. Tout un chacun accordera volontiers à Popper cette présentation de l'explication causale. Mais l'originalité du philosophe est de ne considérer ici que la forme de l'inférence : cette forme est déductive et peut donc être traitée logiquement comme rapport entre un énoncé universel et des énoncés singuliers (exprimant les conditions initiales et, sous ces conditions, la prédiction particulière). Et il n'est pas besoin pour valider l'inférence d'introduire un principe de causalité sous les espèces d'un principe synthétique (comme le veut Kant) ou sous toute autre espèce.

L'inférence tire sa validité de sa forme déductive. Il est vrai que cette validité n'est que logique et qu'on peut objecter que la validité à laquelle on s'intéresse ici a un autre sens, puisqu'elle est celle de l'inférence relativement à la réalité elle-même. Mais la réponse à cette objection est simple dans son principe : il suffit de poser que la forme logique des théories des sciences physiques est telle que les énoncés universels peuvent être éprouvés expérimentalement, c'est-à-dire qu'on en tire une prédiction sous certaines conditions initiales, prédiction exprimée dans un énoncé singulier qui entre en contradiction avec l'énoncé singulier décrivant l'observation empirique. On rappellera alors que tous les énoncés strictement universels sont équivalents à un énoncé de non-existence, en sorte que la théorie, par sa forme logique même, est susceptible de prohiber l'existence ; et l'on appliquera ensuite le *modus tollens* en vertu duquel la falsification (éventuelle) de cet énoncé de non existence (si la chose existe ou l'événement se produit alors qu'il a été déductivement prohibé) se communique à l'ensemble de la chaîne déductive de laquelle cet énoncé est tiré. En quelque manière, il faut substituer à la question : sur quoi nos explications sont-elles fondées ?, cette autre question : comment testons-nous des énoncés scientifiques par leurs conséquences déductives ?

Ce faisant, Popper pense pouvoir éliminer entièrement le langage métaphysique de la causalité et en même temps le problème logique de l'induction

(puisque le raisonnement ne va jamais du particulier
au général, de l'observation à la loi, mais toujours de
l'universel à l'universel et indirectement au particulier). Il fait même à Hume le reproche de ne pas
avoir fourni la véritable analyse psychologique
lorsqu'il en appelle aux effets de l'habitude : la formation par l'habitude de la croyance qui accompagne le jugement serait un mythe, les hommes se
comportant dans leurs processus cognitifs comme se
comporte tout vivant : ils procèdent par essais et
erreurs, par mise à l'épreuve d'une construction
préalable.

* **

Il ne convient pas d'examiner ici davantage la
théorie popperienne de la falsification des théories,
mais d'en retenir la leçon. Aristote et Hume avaient
raison de privilégier la question de la causalité : cette
question porte de façon privilégiée sur le rapport
qu'il faut établir entre la connaissance humaine, qui
s'exprime dans les formes du raisonnement, et la
réalité. Le raisonnement doit-il être compris de telle
sorte qu'il puisse se saisir d'un pouvoir réel, d'une
qualité réelle qui serait dans les choses, comme le
voulait Aristote et comme le veut encore aujour-
d'hui le sens commun ? Par son abstraction, la
science moderne s'oppose à une telle conception : la
causalité est une relation et rien qu'une relation
entre deux objets, deux événements. Mais une relation, considérée en elle-même comme pur rapport,

est quelque chose de tout à fait formel dont la logique peut s'emparer, mais dont elle s'empare en s'abstenant de toute considération de la réalité. L'empirisme de Hume s'oppose à une telle logicisation de la causalité et, ayant placé dans un suspens sceptique ce caractère de nécessité dans lequel se concentre l'essence de la causalité, il se tourne vers une solution naturaliste qui décrit la genèse des inférences causales. Kant, lui, se refuse à douter du caractère rationnel du rapport de la connaissance humaine à la réalité et construit pour cela sur le mode de la Critique une solution de nature transcendantale. Enregistrant les révolutions épistémologiques et logiques du début du XXe siècle, Popper prétend en finir définitivement avec la question de la causalité grâce à une doctrine formalisante et conventionnaliste de la falsifiabilité, de manière à établir une ligne de démarcation nette entre le discours de la science (et de la pensée de la science) et les discours qui restent encore empreints de métaphysique. Mais tout discours sur la réalité n'est-il pas précisément métaphysique ? Il semble bien qu'on tombe dans ce paradoxe – qu'il ne faut certes pas tourner en condamnation de la science, mais instruire plutôt comme une tension interne à la science –, dans ce paradoxe, dis-je, que la science ne parvient bien à s'assurer de sa rationalité qu'en cessant de traiter de la réalité.

C'est sans doute en raison de cette évolution puissante des formes de la connaissance humaine, que s'est conservé par ailleurs un autre concept de la causalité. En effet, la complexité de cette histoire de la causalité que nous venons hâtivement de tracer pourrait nous faire oublier qu'a survécu à la ruine du système aristotélicien des quatre causes, cette autre forme de causalité qui n'est pas susceptible du même destin formalisant, à savoir celle de la causalité finale. Il est vrai, en survivant et en évoluant elle-même, elle n'a cessé de perdre ce qui l'apparentait initialement à son conjoint, à tel point qu'on peut se demander si le concept de causalité a encore un sens univoque quand on l'emploie tant pour le principe de causalité (au sens étroit du terme) que pour le principe de finalité.

Une cause est finale quand la représentation de l'effet est au principe de la production de cet effet. Par exemple, plusieurs corps de métier, nous le savons, interviennent à titre efficient dans la construction d'une maison ; mais leur activité productrice est subordonnée à certaines règles de confort, de sécurité, etc., qui sont la fin représentée et qui sont bien causes, puisqu'elles président au choix des matériaux, au rapport des volumes, etc. Autre exemple : si un Dieu créateur a voulu le monde tel qu'il est, il n'a pas seulement mis en exercice sa toute puissance, il a aussi, préalablement en quelque manière, pensé ce monde dans sa sagesse infinie, en vue de certaines fins inspirées par sa bonté tout aussi infinie.

L'évolution des théories de la connaissance qui ont accompagné le développement de la science moderne, a été manifestement dans le sens d'une exclusion des causes finales, et principalement d'un rejet dans l'ordre cosmogonique et théologique de la question de l'activité créatrice d'une cause première. Il n'est plus nécessaire de convoquer la sagesse divine pour expliquer scientifiquement le monde ; ce qui n'interdit pas *a priori* qu'on tente de comprendre, si on le souhaite, les fins poursuivies par cette Sagesse, mais ce qui interdit qu'on lui confère une valeur explicative. Il n'est toutefois pas aussi simple de se dispenser de la causalité finale quand on étudie le monde, au moins pour deux domaines de réalité pour lesquels la causalité mécanique (efficiente) ne paraît pas suffire.

Le premier est celui des êtres vivants. Tout corps vivant est non seulement composé de parties qui entretiennent des rapports de nature physique, mais est également régi selon un certain principe d'organisation qu'on ne peut pas traiter comme étant le simple résultat de ce qui le compose, puisque ce principe de liaison des parties dans le tout semble bien être le principe original de vie de chacun des vivants : tout être vivant se reproduit lui-même selon l'espèce, il se produit lui-même selon la croissance et, enfin, il maintient ses parties dans un rapport de conservation réciproque. Une finalité naturelle immanente semble être ainsi inscrite dans toute réalité organique, comme si cette dernière agissait en vue de sa propre vie. Assurément, si l'on cherche à expliquer les processus vitaux, nous ne manquerons pas de recourir à une explication de type mécanique, en mettant en avant les échanges chimiques, les effets électriques, la structure moléculaire, etc. Mais, puisque nous sommes nous-mêmes des êtres vivants, survit à toute explication simplement causale une sorte d'évidence de l'organisation vitale, à la fois individuelle et spécifique, attachée à la forme totale de chaque être vivant ; comme si, de façon contingente, la réalité était ici surdéterminée par rapport au principe explicatif de la raison scientifique.

C'est ce même sentiment de contingence par rapport à l'explication causale qui accompagne cet autre mode de finalité que nous connaissons bien, parce qu'il nous est intérieur, à savoir celui qui est attaché à notre liberté. Nous sommes capables de vouloir librement, d'imposer en ce sens nos fins à la nature et d'agir moralement en vue du Bien dont nous avons l'idée et que nous poursuivons parce qu'il est le Bien. Mais il en va comme précédemment : si cette évidence de notre liberté accompagne notre conscience pratique, nous pouvons néanmoins difficilement en faire un principe explicatif, car il n'y a pas de raison d'admettre que la réalité humaine échapperait à la causalité efficiente ou mécanique en vertu de quelque privilège. Les sciences humaines nous expliquent abondamment que notre conscience et notre action subissent l'influence d'une multitude de déterminations. Toutefois, devant ces discours de causalité, nous ne cessons de poser, au moins moralement, que nous sommes capables d'agir en vue d'une fin, de servir des valeurs que nous nous représentons, d'introduire dans l'ordre de la nature le désordre de la liberté en vue d'un ordre supérieur à réaliser et conforme à ce que nous pensons être notre dignité d'êtres humains.

Qu'il s'agisse du domaine de la vie ou du domaine de l'action humaine, le principe de finalité intervient là où, dans notre expérience ou dans notre conscience, demeure quelque chose qui n'est pas réductible à une explication de type efficient ou mécanique, une trace contingente en quelque sorte, mais dont la contingence ne peut pas être livrée au hasard : il faut pouvoir rendre compte de l'organisation de la vie et du principe de l'action humaine. C'est pourquoi, il est fait appel à la causalité finale. Mais le présent raisonnement, comme l'a fortement marqué Kant dans la *Critique de la faculté de juger*, empêche précisément qu'on fasse encore du principe de finalité un principe explicatif et qu'on adjoigne dans un seul et unique monde, comme le faisaient encore la plupart des auteurs du XVIIIe siècle, deux modes de causalité certes distincts, mais complémentaires. Peut-on encore parler strictement de causes finales ? Le principe de finalité est-il toujours un principe causal ? L'originalité de Kant est de dire que, puisque c'est un principe visant à rendre compte de ce qui ne peut s'expliquer, on doit le trai-

ter comme un principe d'intelligibilité ou comme un
principe de sens. A défaut de pouvoir expliquer le
domaine de la vie, en tant que vie, ou le champ de
l'activité humaine (l'histoire humaine) en termes de
causes et d'effets, de rapports plus ou moins quanti-
fiables, nous pouvons néanmoins donner sens, et il
nous importe de pouvoir donner sens à notre être vif
et à notre être libre. La vieille causalité finale se
prête certes à une telle évolution, puisqu'elle est la
causalité du concept ou de la représentation. Mais si
on la transforme ainsi en source de sens ou d'intelligibilité, on la prive du pouvoir déterminant
qu'Aristote lui accordait. Qu'est-ce qu'une cause qui
ne serait pas déterminante ?

Plus notre connaissance progresse, et plus nous
avons de mal à *expliquer* le monde, les choses ou les
hommes. Ce qui était uni sous le nom de causalité se
disperse et se répartit sur des plans différents. Plus
notre connaissance progresse et plus le caractère
humain s'en trouve souligné : formalisation de
l'explication causale, transformation du principe de
finalité en principe de sens. Le concept de causalité
qui faisait l'unité de l'esprit et de la nature devient
problématique, et l'essence de la réalité devient
obscure. Faut-il s'en plaindre ? Je ne sais. Mais cela
inscrit au cœur de la connaissance la plus abstraite
ou du discours interprétatif le plus sensé, une
inquiétude métaphysique salutaire et, pourquoi pas,
un soupçon d'humour en guise d'excuse.

Texte 1

Hume : «De l'idée de connexion nécessaire »,
   (Enquête sur l'entendement humain, section
   VII, 2e partie) [1].

Mais hâtons-nous de conclure cet argument [2] qui s'est déjà trop allongé. Nous avons vainement cherché une idée de pouvoir ou de connexion nécessaire à toutes les sources dont nous pouvions supposer la tirer. Il apparaît que, à considérer les cas particuliers d'opération des corps, nous ne pouvons jamais par l'examen le plus poussé découvrir autre chose qu'un événement succédant à un autre, sans être capables de saisir aucune force ou aucun pouvoir par lequel la cause opère ni aucune connexion entre elle et son effet supposé. La même difficulté se présente, si l'on examine les opérations de l'esprit sur le corps ; nous y observons certes que les mouvements du second suivent les volitions du premier, mais nous ne sommes pas capables d'observer ou de concevoir le lien qui unit ensemble les mouvements et les volitions, ni l'énergie par laquelle l'esprit produit un tel effet. L'autorité de la volonté sur ses propres facultés et ses propres idées n'est en rien plus compréhensible. De sorte que, à tout considérer, il ne paraît pas dans toute la nature un seul cas où nous pourrions former l'idée de la connexion. Tous les événements semblent entièrement détachés et séparés. Un événement suit l'autre, mais nous ne pouvons jamais observer aucun lien entre eux. Ils semblent être liés par *conjonction*, mais jamais par *connexion*. Et comme nous ne pouvons avoir l'idée d'une chose qui n'est jamais apparue à nos sens externes ou à notre sentiment intérieur [3], la conclusion nécessaire est, *semble-t-il*, que nous n'avons absolument aucune idée de connexion ou de pouvoir et que ces mots sont totalement dépourvus de signification, que nous les employons dans des raisonnements philosophiques ou dans la vie commune.

Mais il reste encore un moyen d'éviter cette conclusion [4], et il y a une source que nous n'avons pas encore examinée. Quand un objet ou un événement naturel se présente, toute notre sagacité ou notre pénétration d'esprit est impuissante à découvrir ou même à conjecturer, sans expérience, quel événement en résultera, ou à porter notre prévision au-delà de l'objet qui est immédiatement présent à la mémoire et aux sens. Même après un cas ou une expérience à la faveur de laquelle nous avons observé qu'un événement en suit un autre, nous ne sommes pas autorisés à former une règle générale ou à prédire ce qui se produira dans des cas semblables ; car on tiendrait à juste titre pour une témérité impardonnable de juger de tout le cours de la nature à partir d'une seule expérience, quelque précise et certaine qu'elle soit. Mais quand une espèce particulière d'événements s'est toujours trouvée [5], dans chaque cas, conjointe avec une autre, nous n'avons alors plus de scrupule à prédire un événement à l'apparition de l'autre et à faire usage de ce raisonnement qui seul peut nous apporter la certitude sur toute question de fait ou d'existence. Nous appelons alors l'un des objets *cause* et l'autre *effet*. Et nous supposons qu'il y a quelque connexion entre eux, quelque puissance dans l'un par laquelle il produit infailliblement l'autre, opérant avec la plus grande certitude et la plus stricte nécessité.

Il apparaît donc que cette idée de connexion nécessaire entre des événements naît d'un nombre de cas semblables qui témoignent de la conjonction constante de ces événements ; et que cette idée ne peut jamais être suggérée par l'un quelconque de ces cas, envisagé sous tous les jours et positions possibles. Mais il ne se trouve rien de différent dans un nombre donné de cas et dans chacun des cas pris isolément, quand ils sont supposés être exactement semblables ; à cela excepté que, après que des cas semblables se sont répétés, l'esprit est porté par habitude [6] à attendre, quand apparaît un événement, celui qui l'accompagne ordinairement et à croire qu'il existera. Cette connexion, donc, que nous *sentons* dans l'esprit, cette transition coutumière de l'imagination d'un objet à celui qui l'accompagne ordinairement, est le sentiment ou l'impression [7] à partir de laquelle nous formons l'idée d'un pouvoir ou d'une connexion nécessaire. Il n'y a rien de plus en l'occurence. Examinez le sujet de tous les côtés ; vous ne découvrirez jamais d'autre origine à cette idée. C'est la seule différence qui soit entre un cas, duquel nous ne pouvons recevoir l'idée de connexion, et tel nombre de cas par lequel elle est suggérée. La première fois qu'un homme vit le mouvement se communiquer par impulsion, par exemple par le choc de deux boules de billard, il ne put affirmer que l'un de ces événements était lié avec l'autre par connexion, mais seulement qu'il l'était par conjonction. Une fois qu'il eut observé plusieurs cas de cette sorte, il affirma alors qu'ils étaient liés par connexion [8]. Quel changement s'est produit pour donner naissance à cette nouvelle idée de *connexion* ? Rien sinon que notre homme *sent* maintenant que ces événements sont liés par connexion dans son imagination et qu'il peut aisément prédire l'existence de l'un à l'apparition

de l'autre. Quand nous disons donc qu'un objet est
lié par connexion avec un autre, nous signifions
seulement qu'ils ont acquis une connexion dans
notre pensée [9] et qu'ils donnent naissance à l'inférence qui fait de chacun d'eux la preuve de l'existence de l'autre : conclusion qui est quelque peu
extraordinaire, mais qui paraît fondée sur une
évidence suffisante. Et l'évidence de cette conclusion ne sera pas diminuée par quelque défiance
générale qu'on nourrirait envers l'entendement ou
par le soupçon sceptique qui accompagne chaque
conclusion nouvelle et extraordinaire. Il ne peut y
avoir de conclusions plus agréables au scepticisme
que celles qui font découvrir la faiblesse et
l'étroitesse des limites de la raison et des capacités
humaines.

Et quel plus puissant exemple peut-on produire que celui-ci, de l'étonnante ignorance et faiblesse de l'entendement ? Car, assurément, s'il est
une relation entre les objets qu'il nous importe de
connaître parfaitement, c'est bien celle de la cause
et de l'effet. Sur elle reposent tous nos raisonnements sur les questions de fait ou d'existence [10].
C'est par elle seule que nous acquérons quelque
assurance touchant les objets qui sont éloignés du
présent témoignage de notre mémoire et de nos
sens. La seule utilité immédiate de toutes les
sciences est de nous enseigner comment contrôler

et régler les événements futurs par leurs causes.
Nos pensées et nos recherches s'emploient donc à
tout instant à cette relation : et pourtant, si impar-
faites sont les idées que nous en formons qu'il est
impossible de donner une juste définition de la
cause, sinon celle qu'on tire de quelque chose qui
lui est extérieur et étranger [11]. Des objets semblables sont toujours liés par conjonction, trouve-
t-on, à des objets semblables. De cela, nous avons
une expérience [12]. Conformément à cette expérience, par conséquent, nous pouvons définir la
cause comme étant *un objet qui est suivi d'un
autre, tous les objets semblables au premier étant
par ailleurs suivis d'objets semblables au second.*
Ou, en d'autres termes, *de telle sorte que, si le
premier objet n'avait pas existé, le second n'aurait
jamais existé.* L'apparition de la cause porte toujours l'esprit, par une transition coutumière, à
l'idée de l'effet. De ceci nous faisons également
l'expérience [13]. Nous pouvons donc, conformément à cette expérience, former une autre définition de la cause et la tenir pour *un objet qui est
suivi d'un autre et dont l'apparition porte toujours
la pensée à cet autre.* Mais bien que ces deux
définitions soient tirées de circonstances étran-
gères à la cause, nous ne pouvons porter remède à
cet embarras ou atteindre à une définition plus
parfaite qui désignerait dans la cause la circons-

tance qui la met en connexion avec son effet. Nous n'avons pas d'idée de cette connexion, nous n'avons même pas une notion distincte de ce que nous désirons savoir, quand nous nous essayons à la concevoir. Nous disons par exemple *que la vibration de cette corde est la cause de ce son particulier.* Mais que signifions-nous par cette affirmation ? Soit nous signifions *que cette vibration est suivie par ce son, et que toutes les vibrations semblables ont été suivies par des sons semblables ;* ou *que cette vibration est suivie par ce son, et qu'à l'apparition de l'une l'esprit devance les sens et forme immédiatement l'idée de l'autre.* Nous pouvons considérer la relation de la cause et de l'effet sous l'un ou l'autre jour ; mais nous n'avons pas d'autre moyen de nous en faire une idée.

Récapitulons [14] les raisonnements de cette section : toute idée est copiée d'une impression ou d'un sentiment qui la précède ; et quand nous ne pouvons trouver d'impression, nous pouvons être sûrs qu'il n'y a pas d'idée. Considérez tous les cas, pris isolément, d'une opération des corps ou des esprits : il n'y a rien qui produise l'impression de pouvoir ou de connexion nécessaire, et qui puisse par conséquent en suggérer l'idée. Mais quand des cas uniformes nombreux se présentent et quand le même objet est toujours suivi du même événement, nous commençons alors à former la notion de cause et de connexion. Nous *sentons* alors un nouveau sentiment ou une nouvelle impression, à savoir, dans notre pensée ou notre imagination, une connexion coutumière entre un objet et l'autre objet qui l'accompagne ordinairement ; et ce sentiment est l'origine de l'idée que nous cherchons. Car, comme cette idée naît d'un certain nombre de cas semblables, et non d'un seul cas, pris isolément, il faut qu'elle naisse de la circonstance par laquelle il y a différence entre un certain nombre de cas et tout cas pris isolément. Mais cette connexion ou transition coutumière de l'imagination est la seule circonstance par où il y a une différence. Le premier cas, que nous ayons vu, de la communication du mouvement par le choc de deux boules de billard (pour reprendre cette exemple évident) est exactement semblable à n'importe quel cas susceptible de s'offrir à nous à présent ; excepté sur ce point que nous ne pouvons pas, au premier abord, inférer un événement d'un autre ; ce que nous pouvons faire à présent, après un si long cours d'expérience uniforme. Je ne sais si le lecteur saisira aisément ce raisonnement. Je crains, à multiplier les mots à son sujet ou à le présenter sous des jours encore plus variés, de le rendre seulement plus obscur et plus embrouillé. Dans tous les raisonnements abstraits, il y a un point de vue d'où, si nous avons le bonheur d'y parvenir, nous serons à même de mieux éclairer le sujet qu'avec toute l'éloquence et le discours le plus abondant du monde. C'est ce point de vue que nous devons tenter d'atteindre, pour réserver les fleurs de la rhétorique aux sujets qui s'y prêtent davantage [15].

Texte 2

Kant : Critique de la raison pure, *Analytique transcendantale, Analytique des principes, chapitre II, les analogies de l'expérience, deuxième analogie* [16].

Principe de la succession dans le temps suivant la loi de la causalité. Tous les changements arrivent suivant la loi de la liaison de la cause et de l'effet [17].

Preuve [18].

Je perçois que des phénomènes se suivent, c'est-à-dire qu'un certain état des choses est, alors que le contraire était dans l'état précédent. Je relie donc, à proprement parler, deux perceptions dans le temps. Or, une liaison n'est pas l'œuvre du simple sens et de l'intuition, mais elle est, ici, le produit d'un pouvoir synthétique de l'imagination [19] qui détermine le sens interne relativement au rapport de temps. Mais l'imagination peut lier les deux états de deux manières, selon que l'un ou l'autre précède dans le temps, car le temps ne peut pas être perçu en lui-même [20], et c'est par rapport à lui et, en quelque sorte, empiriquement [21], que ce qui précède ou ce qui suit peut être déterminé dans l'objet. Tout ce dont j'ai conscience, c'est que mon imagination place l'un avant, l'autre après, mais non que dans l'objet un état précède l'autre ; ou, en d'autres termes, la simple perception laisse indéterminé le *rapport objectif* des phénomènes qui se succèdent. Or, pour que ce rapport puisse être connu d'une manière déterminée [22], il faut que le rapport entre les deux états soit pensé de telle sorte que soit déterminé comme nécessaire lequel des deux états doit être placé avant, et lequel ensuite, et non inversement. Mais le concept qui emporte avec soi une nécessité de l'unité synthétique ne peut être qu'un concept pur de l'entendement qui ne se trouve pas dans la perception ; et c'est ici le concept du *rapport entre la cause et l'effet*, par lequel la cause détermine l'effet dans le temps, comme sa conséquence [23] et non comme quelque chose qui pourrait précéder seulement dans l'imagination (ou même n'être pas du tout perçu). Ce n'est donc que parce que nous soumettons la suite des phénomènes, et par là tout changement [24], à la loi de la causalité, qu'est possible l'expérience même, c'est-à-dire, la connaissance empirique de ces phénomènes ; par conséquent, ils ne sont eux-mêmes possibles comme objets de l'expérience que suivant cette loi.

Notes et remarques

A) Sur le texte de Hume

1. Nous traduisons la seconde partie de la section VII, section qui clôt l'analyse consacrée à la causalité proprement dite et qui va de IV à VII. Il est important de noter que, aussi bien dans le *Traité de la nature humaine* (I, 3, 3-14) que dans l'*Enquête*, l'analyse de l'idée de nécessité suit l'analyse de l'inférence causale.

Après la section IV, qui développe ses doutes sceptiques sur la causalité en mettant en lumière notre incapacité à justifier de droit les raisonnements des sciences expérimentales et du sens commun, et l'impuissance de la pensée à légitimer son propre exercice, la section V marque ceci que, quelle que soit la pertinence de l'analyse critique ainsi menée et son résultat sceptique, l'esprit humain ne laisse pas de raisonner causalement soit dans la vie commune, soit dans la science. Et puisque la nature l'emporte sur la raison (la raison ne pouvant plus se confondre avec la nature), il faut examiner comment elle opère dans les inférences causales et mettre en lumière le fait que l'imagination passe de l'impression présente de la cause à l'idée de l'effet absent et que l'entendement fait acte de croyance, ne se contentant pas de penser cette idée, mais la posant dans l'existence (en tant qu'idée vive). Dans la section VI, Hume tire une conséquence en vertu de laquelle il apparaît que tous les raisonnements de causalité ont des degrés de probabilité. Ainsi, par ce procédé, est-on passé d'un discours justificatif, condamné aux doutes sceptiques, à un discours explicatif. Et il faut mener cette explication jusqu'au bout en montrant dans la section VII comment, à défaut de pouvoir fonder en raison l'idée de connexion nécessaire, on peut en donner l'origine.

2. Hume fait référence à la longue argumentation développée dans la 1ère partie de cette section VII et qui est consacrée à l'idée même de nécessité. Il y procède à un examen systématique des sources possibles de cette idée, examen qu'il récapitule dans le présent paragraphe. Que signifions-nous quand nous employons les termes de *force*, de *pouvoir*, de *connexion nécessaire* ? La diversité même des termes et leur imprécision marquent l'obscurité de l'idée. Le procédé est sceptique : il consiste à chercher si dans les objets dont nous avons l'idée nous pouvons trouver un tel pouvoir de connexion nécessaire liant la cause à son effet. Or nous ne pouvons dériver cette idée de nécessité en considérant l'opération des objets extérieurs, la causalité n'étant pas une qualité ni une partie de qualité de ces objets qui sont parfaitement déterminables sans qu'on leur confère de pouvoir de causalité. L'examen de l'influence de la volonté, dont nous avons certes une connaissance intime,

n'est pas plus fécond : nous ne pouvons comprendre comment elle s'exerce sur nos corps (Hume retrouve là les termes généraux que le dualisme cartésien avait instaurés). Nous ne pouvons même pas comprendre comment par un acte volontaire nous agissons sur notre propre esprit, l'esprit n'ayant pas en lui-même plus d'évidence que les corps.

Dans cet examen critique Hume avait été largement précédé par Malebranche qui, en réponse à la difficulté, avait construit la théorie dite des causes occasionnelles : le vrai principe direct de tout effet serait non pas un pouvoir ou une force naturelle inscrite dans les choses, mais la volonté du Créateur qui accorde en chaque occasion les objets entre eux, de sorte qu'un changement dans l'un soit accompagné d'un changement dans l'autre. (voir la *Recherche de la vérité*, liv. III, 2ᵉ partie, chap. 3). Hume réfute cette théorie métaphysiquement désespérée et maintient ouverte la difficulté.

3. Rappel du principe empiriste établi rapidement dans la section II, principe selon lequel à toute idée (pensée) doit correspondre une impression (sentie), soit impression externe dite de sensation, soit impression interne qui peut être de sensation ou de réflexion. Ce principe, joint au principe d'analyse qui ramène les idées complexes aux idées simples qui les composent, permet d'établir la signification des termes, de rendre claire et distincte une idée complexe et de dénoncer, quand il n'y a pas de correspondance, l'obscurité des mots. Une idée dont on ne trouve pas d'impression n'est pas une idée :

ce n'est qu'un mot. Mais la conjonction de ces deux principes rend problématiques les idées des relations, puisqu'elles ne sont pas les idées des termes, mais de leur rapport.

4. Conclusion sceptique, sans solution sceptique, car l'idée de connexion nécessaire ne serait alors qu'un nom.

5. L'examen qui précède n'a porté que sur un seul cas, c'est-à-dire n'a porté son attention que sur le contenu « objectif » des termes liés par la relation de causalité. L'argument développé maintenant consiste à considérer plusieurs cas semblables ou la conjonction constante qui en résulte. « Objectivement », quant au contenu, rien ne se trouve de plus dans plusieurs cas que dans un seul. Toute constante qu'elle soit, la conjonction ne se change pas en nécessité. Mais, « subjectivement », elle fait bien nécessité : elle produit un effet sur l'esprit, c'est-à-dire, une détermination à l'inférence, détermination que l'esprit sent. Et cette détermination qui fait impression est l'origine enfin trouvée de l'idée de connexion nécessaire qui lui correspond.

6. L'habitude est en quelque sorte l'effet subjectif de la conjonction constante des termes associés ; mais, prise en elle-même, elle est la détermination de l'imagination à la transition d'une idée ou d'une impression donnée à une autre idée associée. Hume la traite même comme un véritable principe de l'imagination, principe primitif tout à fait obscur (voir *Enquête*, section V). Quoiqu'elle récapitule une multitude de cas observés, assemblés, comparés,

elle opère cependant immédiatement et sans prépa-
ration. En ce sens, toute inférence est simple et
directe, comme si tout le passé de l'esprit s'abolis-
sait dans cette détermination présente qui conduit à
croire en une existence future. L'habitude, étant une
détermination de l'imagination, est aveugle : elle
n'instruit pas en ce qui concerne les rapports entre
les objets, mais elle constitue le fond naturel de
l'entendement quand il lie des perceptions ou des
existences. Il va sans dire que l'habitude n'est pas
une raison.

7. Cette impression est une impression de réflexion. Alors que les impressions de sensation sont
absolument primitives, les impressions de réflexion
sont causées dans l'esprit par les précédentes. Néanmoins, en tant que telles, elles sont bien des perceptions parfaitement originales. Ces perceptions
sont essentiellement des déterminations : détermination à l'inférence dans le domaine spéculatif,
passions dans le domaine pratique.

A bien des égards, par sa fonction de liaison et
par son caractère subjectif (on peut même dire que
la subjectivité, qui n'est pas primitive ni fondatrice
chez Hume, naît avec elle), cette impression de réflexion se comporte comme l'analogue du *Je pense*
transcendantal chez Kant. Elle est l'imagination
devenant sujet, la nature devenant entendement,
l'association devenant liaison.

8. Connexion n'est pas conjonction, car la
connexion est nécessaire. Certes, dans l'un et l'autre
cas, il y a association, et l'imagination passe d'une

impression ou d'une idée à une autre idée. Ainsi
pour la contiguité : l'idée de la Tour Eiffel peut
entraîner mon esprit à l'idée du Trocadéro. Ainsi
pour la ressemblance : l'idée de la fille peut introduire l'idée de la mère, si elles se ressemblent. Ainsi
de la causalité : l'idée du feu suscite l'idée de
brûlure. Mais dans les deux premières liaisons, il
n'y a qu'une association intuitive, plus ou moins
régulière. Au contraire, la causalité prête à une inférence et, en quelque sorte, reçoit force de nécessité.
Quand j'ai l'idée de la cause, je ne peux pas ne pas
me porter à l'idée de l'effet, quoique les deux idées
soient entièrement différentes. En termes logiques,
on passe à l'implication. La thèse que cette
connexion qui a la forme logique de la nécessité est
l'idée qui correspond à l'impression suscitée par la
détermination de l'imagination, a un caractère violent, sinon scandaleux, dont Hume est tout à fait
conscient.

9. L'idée de connexion nécessaire est donc produite dans l'esprit, et elle est produite dans des inférences qui portent sur des objets ou des existences
déterminées. Mais, quoique l'idée soit distincte, on
ne peut la penser formellement, puisqu'elle est de
réflexion.

10. Par la relation de causalité, notre connaissance ne se limite pas seulement au système de
l'expérience acquise dû à l'information des sens,
elle-même conservée selon l'ordre de la mémoire,
elle s'étend à ce qui est éloigné de nous, à ce qui
n'est pas encore advenu et dont nous n'aurons peut-

être pas d'expérience originale ; bref, elle s'étend à toute l'expérience possible, s'appuyant sur des connexions nécessaires qui ne la déçoivent pas ordinairement. De là procède ce monde stable et déterminé dans lequel nous pouvons anticiper et agir.

11. Toute idée, si elle est complexe et si elle est réductible à des idées simples auxquelles correspondent des impressions, peut être définie. Ainsi le veut le principe d'expérience. L'idée de connexion nécessaire elle-même ne saurait donc échapper à une telle entreprise de définition, sous peine d'être une idée illusoire. Mais si l'exigence de l'expérience est respectée, la définition s'avère décevante : elle est faite à partir de quelque chose d'étranger. En d'autres termes, la définition ne renvoie pas à un contenu d'expérience, comme lorsque je veux définir ce qu'est l'or, mais à l'expérience même, comme expérience. A l'idée de connexion nécessaire, je puis faire correspondre une expérience, mais l'idée n'est pas ici la copie de l'expérience, comme c'est le cas dans la correspondance ordinaire des impressions et des idées. La preuve de cet embarras est qu'on peut donner deux définitions, la première selon le point de vue de « l'objet », la seconde selon le point de vue du « sujet ». Si l'on prend en considération le donné de l'expérience, on dira que la cause est un objet suivi par un autre, sans qu'on puisse rien dire de cette consécution sinon qu'elle est régulière et qu'elle intéresse les cas semblables. La conjonction cons-

tante est en quelque manière donnée, mais elle ne dit rien de la cause proprement dite. La régularité n'est évidemment pas une propriété de la cause. Et il est tout aussi évident que cette régularité ne justifie pas la nécessité en vertu de laquelle, si la cause est absente, l'effet ne peut jamais se produire, parce qu'il ne doit pas se produire. Quant à la seconde définition, elle introduit une considération extérieure à la cause, à savoir la détermination de l'esprit à inférer. Elle dit non pas ce qu'est la causalité, mais à quoi la reconnaître dans nos raisonnements.

12. C'est une question de savoir si les liaisons de contiguité et d'antériorité sont proprement un objet d'expérience, puisque ce sont déjà des rapports entre des termes. En fait, Hume traite l'espace et le temps comme le mode d'apparaître des impressions, de sorte qu'ils sont présents quand ces impressions sont données. On peut faire un rapprochement utile sur ce point avec « l'Esthétique transcendantale », dans la *Critique de la raison pure*.

13. L'expérience est ici expérience du sujet inférant.

14. Cette récapitulation répète pour l'essentiel ce qui précède. Cette insistance de Hume répond à plusieurs fins. D'abord, elle s'attache à valoriser le caractère démonstratif de l'ensemble de l'argument, notre auteur voulant marquer qu'il n'y a pas d'autre solution que la sienne. N'y ayant pas d'ostension possible de l'impression correspondant à l'idée de connexion nécessaire, il n'y a d'autre ressource,

pour marquer l'origine empirique de celle-ci, que
d'apporter une preuve. Ensuite, Hume est parfaitement conscient du caractère révolutionnaire et décisif de son propos, propos qui ne peut manquer de
heurter sur deux points différents. D'une part,
l'ensemble de l'argument a un caractère sceptique
affirmé : qu'on prenne la première ou la deuxième
définition de la cause, il y a manifestement dispro-
portion entre le contenu de la définition proposée et
l'idée de nécessité. La conjonction constante, même
élevée à la plus grande régularité, n'aura jamais la
valeur d'une connexion nécessaire. Quant à l'inférence, si elle produit l'idée, elle ne la fonde certes
pas. A une question de droit a été substituée une
question de fait, et l'on a proposé une genèse.
D'autre part, l'argument aboutit à une conséquence
qui n'est pas formulée ici, mais qui était clairement
affichée dans le *Traité* : « La nécessité est quelque
chose qui existe dans l'esprit, mais non dans les
objets » (*Traité*, I, 3, 14, p. 252). Ce pouvoir
recherché n'est pas une propriété qui résiderait dans
la nature ou dans l'esprit : il n'y a jamais qu'une
détermination de l'esprit à l'inférence. Il reste que
« L'esprit a beaucoup de penchant à se répandre sur
les objets extérieurs et à unir à ces objets les impressions intérieures qu'ils provoquent et qui apparaissent toujours au moment ou ces objets se
découvrent aux sens » (p. 253).

15. Hume fait référence à la distinction qu'il a
établie dans la section I, entre la philosophie facile
qui prend pour moyen l'éloquence, et la philoso-

phie abstraite qui procède par raisonnement et pour laquelle il prend partie (sans diminuer les mérites de la première). Quand une chose est établie par raisonnement, la variété du discours n'ajoute rien. On ne remplace pas la conviction de l'entendement par la persuasion des sentiments.

La suite de l'*Enquête*, et notamment sa conclusion, sont beaucoup moins modestes. En effet, de la présente analyse, Hume tire une méthodologie critique qu'il va appliquer successivement aux problèmes de la liberté, de la raison animale, du miracle et de la Providence. Pour sceptique que soit la solution qui a été apportée, elle s'avère être une arme philosophique redoutable.

B) Sur le texte de Kant

16. Nous traduisons à partir de l'édition des *Œuvres* de Kant, publiées par l'Académie des Sciences de Prusse (AK), Bd. III, p. 166-168. Pour les traductions disponibles, on se réfèrera soit à celle fournie par Trémesaygues et Pacaud (TP) (Presses Universitaires de France, Paris, 1963) soit à celle de Barni, reprise et corrigée par Delamarre et Marty (Gallimard, La Pléiade, Paris, 1980). On notera que, au travers de ces traductions, finit par se fixer une sorte de vulgate française de la *Critique*.

17. Le passage que nous traduisons ne se trouve que dans la seconde édition de la *Critique de la raison pure* (1787). La première édition (1781) énonçait le principe de la façon suivante : « *Prin-*

cipe de la production. Tout ce qui arrive (commence d'être) suppose quelque chose à quoi il succède, d'après une règle ».

18. L'ajout de cette preuve dans la seconde édition répond à un effort manifeste de mise en forme et de systématisation que Kant répète à chaque fois qu'il présente les différents principes (à l'exception des postulats de la pensée empirique en général qui font l'objet d'un éclaircissement).

Kant justifie ainsi le terme de *preuve* (AK, III 140), TP 157) : les principes considérés, étant les premiers principes de l'entendement, ne sauraient être rapportés objectivement à des propositions plus générales encore. Mais on peut néanmoins les « démontrer » en les rapportant aux sources subjectives qui rendent possible toute connaissance d'objet en général. Kant veut éviter l'apparence d'arbitraire qui accompagne l'énonciation abrupte de principes premiers. La preuve est ensuite développée dans le corps de l'article.

Nous ne traduisons pas l'avertissement qui précède la preuve.

19. *Das Product eines synthetischen Vermögens der Einbildungskraft.* L'espace et le temps ne sont que les formes de la diversité dans lesquelles le divers phénoménal est apprésenté. Toute liaison, quelle qu'elle soit, suppose une synthèse de l'imagination qui, si elle n'est pas empirique, est soumise à l'unité du concept et donc de l'aperception transcendantale.

20. Le temps, étant une des deux formes de l'intuition, n'a pas de réalité en lui-même ; et, en ce sens, on ne peut en faire l'expérience. Cependant, les phénomènes étant saisis dans le temps, nous avons une intuition dérivée du temps, en tant que succession de ces phénomènes.

21. La détermination objective de la succession ne se fait pas sur le temps lui-même (puisqu'il n'est pas un objet d'expérience), mais sur les phénomènes se succédant, lesquels phénomènes sont donnés empiriquement.

22. Tout le raisonnement repose sur la distinction entre le cours subjectif des perceptions dans la conscience empirique, cours qui est quelconque, et l'ordre déterminé des phénomènes dans l'expérience, en tant que l'expérience est expérience d'objet. L'ordre des phénomènes dans le temps est irréversible ; il est donc déterminé ; il faut donc chercher ce qui est au principe de cette détermination, laquelle ne peut appartenir aux perceptions.

23. *Folge. Folge* signifie *suite*, et a à la fois le sens chronologique de *succession*, et le sens logique de *conséquence* (suite réglée). Le vocabulaire allemand sert ici remarquablement le propos de Kant.

24. *Alle Veränderung.* Dans l'avertissement que nous n'avons pas traduit, Kant rappelle un des enseignements de la Première Analogie : la tranformation des phénomènes, leur changement d'état

(*Wechsel*) ne peut signifier le changement de la substance par naissance ou annéantissement. Ce qui change ne change pas en tant qu'étant le « *ce qui est soumis au changement* ». Le thème de la permanence du substrat est aussi vieux que l'affirmation aristotélicienne de l'incorruptibilité du « sujet ». On notera, à cet égard, que Kant retrouve spontanément, à l'occasion, des formules du Stagirite (voir la première phrase du présent texte).

Commentaires :

A) Sur le texte de Kant :
La question de la nécessité

Kant avait lu l'*Enquête sur l'entendement humain*. Ce texte de Hume paru en 1748 avait fait l'objet d'une traduction allemande dès 1755 par Sulzer. On ignore à quelle date précise Kant l'a lu ou l'a lu avec assez d'attention pour prendre conscience de l'importance de la critique du concept de la causalité menée par le philosophe écossais [1]. Toujours est-il – et cela seul en définitive a vraiment une importance philosophique [2] – que Kant déclare non

1. Pour un bref état de ces controverses, on pourra se reporter à notre *Kant ou Hume*, Paris, Vrin, 1980, p. 283-284 ; pour une information plus savante on lira Günter Gawlick und Lothar Kreimendahl, *Hume in der Deutschen Aufklärung*, Stuttgart, Frommann-Holzboog, 1987. La question est singulièrement compliquée par le fait qu'on ne dispose pas de preuve matérielle que Kant ait lu le *Traité de la nature humaine*, totalement ou partiellement, ouvrage qui ne fut pas traduit en allemand avant 1790-1792.

2. M. Puech, dans un ouvrage récent, *Kant et la causalité*, Paris, Vrin, 1990, a argué du fait que la relation à Hume n'est élaborée par Kant que dans les *Prolégomènes à toute métaphysique future*, publiés en 1783, pour mettre en doute le rôle de Hume dans la formation de la pensée kantienne, laquelle serait beaucoup plus solidaire, aux yeux de l'auteur, du traitement abondant et commun de la causalité par la philo-

seulement que cette critique est un événement capital dans l'histoire de la métaphysique, mais encore que Hume a exercé une influence décisive sur le développement de sa propre pensée. « Je l'avoue franchement : ce fut l'avertissement de David Hume qui interrompit d'abord, voilà bien des années, mon sommeil dogmatique et qui donna à mes recherches en philosophie spéculative une toute autre direction »[1]. Et Kant de prendre la défense de son illustre prédécesseur contre les attaques que son scepticisme eut à subir de la part des philosophes écossais du Sens commun. Hume a prouvé de façon irréfutable que nous ne pouvons tirer la relation causale de notre expérience de la nature, et surtout que la raison est impuissante à tirer d'elle-même une telle relation par voie démonstrative, c'est-à-dire en prouvant que, une chose étant donnée, il doive s'ensuivre nécessairement tel effet. L'échec de la raison sur ce point a une portée générale : la raison ne peut se comporter métaphysiquement, elle ne peut valoir pour les choses en soi, comme, si à la rationalité qui est en elle répondait évidemment une rationalité dans les choses mêmes.

Kant commente lui-même la preuve du principe de la production, après l'avoir exposée. Le ressort

sophie allemande du XVIIIe siècle. On notera que, quand bien même il en aurait été ainsi à un point de vue historique, on ne peut ignorer à un point de vue philosophique les propos tenus par Kant.

1. *Prolégomènes*, AK IV, p. 260 ; traduction J. Gibelin, Paris, Vrin, 1965, p. 13.

en est simple. « Je vois, par exemple, un bateau descendre le cours d'un fleuve. Ma perception de la position qu'il occupe en aval du courant du fleuve est postérieure à la perception de la position qu'il occupait en amont, et il est impossible que, dans l'appréhension de ce phénomène, le bateau puisse être perçu d'abord en aval et ensuite en amont du courant »[1]. J'ai deux perceptions successives, celle du bateau en amont et celle du bateau en aval. Il est évident que, subjectivement, j'aurai pu d'abord porter mon regard vers l'aval, mais je n'aurais pas vu de bateau. La succession de mes perceptions est dans le cas présent déterminée selon un ordre objectif attaché au cours du fleuve ; c'est-à-dire, je ne puis percevoir un bateau descendant un fleuve qu'en portant mon regard de l'amont vers l'aval. « Je dérive la succession subjective de l'appréhension de la succession objective des phénomènes »[2]. C'est bien grâce à un tel ordre que mon expérience ne se réduit pas au flux contingent de mes perceptions et qu'elle est expérience de la nature. On observera en outre que, le flux de mes perceptions se développant dans le temps, c'est bien le cours du temps qui est ainsi déterminé et que ce cours déterminé coïncide avec l'ordre objectif des phénomènes.

Il faut alors comprendre d'où se tire cette détermination. Manifestement pas de mon vécu empirique qui est constitué du simple flux des

---

1. *Critique de la raison pure*, p. 185.
2. *Critique de la raison pure*, p. 185.

perceptions. D'autre part, Hume a montré que cette
détermination ne pouvait être connue dans les choses
et par conséquent dérivée de leur considération. Si A
produit B, j'aurai beau considérer ce qu'est A,
jamais je n'y trouverai la raison de B ; jamais je ne
pourrai démontrer que A étant A, il doit nécessairement produire B. A et B sont irréductiblement
divers, parce que, dans leur contenu, ils sont pré-
sentés comme des phénomènes dans le temps. La
causalité n'est donc pas une propriété de A, une
capacité qui appartiendrait à A de produire B. On le
sait, la causalité est le rapport entre A et B. La
détermination de ce rapport ne se tire donc ni des
choses, ni du vécu de l'esprit. Répétons la question :
d'où se tire-t-elle ?

Examinons la forme de ce rapport. Je suis déterminé, ayant posé l'existence de A, à poser l'existence
de B, et cela de façon nécessaire. Si une telle nécessité qui porte à la fois sur les deux existences ainsi
liées et sur leur contenu propre (si j'ai A, alors j'ai B
et je ne puis avoir que B, précisément) est la condition non seulement de toutes mes anticipations, mais
même de mes appréhensions empiriques comme
dans le cas du bateau, il faut en comprendre la
nature. Il ne peut s'agir d'une nécessité métaphysique, la critique de Hume l'exclut. En revanche, je
puis l'exprimer logiquement, sous la forme d'un
jugement conditionnel, du type : si A, alors B. Si un
corps est assez longuement éclairé par le soleil, il

s'échauffe [1]. La nécessité est ici celle d'une implication. Mais, aux yeux de Kant, et à la différence de certaines tentatives visant à élaborer une logique de l'induction, cette nécessité logique ne suffit pas à traiter de la nécessité attachée au rapport de causalité, à ce rapport qui, selon le concept pur de causalité, traite l'un des deux termes comme étant la cause et l'autre comme étant l'effet. Ou, pour le dire en d'autres termes, la liaison logique ne fait pas encore la légalité des lois de la nature. En effet, si j'en reste à la seule forme du jugement conditionnel, je ne dis rien de la nature analytique ou synthétique du jugement ; et nous savons que dans le cas de la causalité la liaison est synthétique. Je puis dire : *si un corps est assez longuement éclairé par le soleil, alors il s'échauffe*, parce que je m'en rapporte à une loi de la nature qui dit : *le soleil, par son rayonnement, est la cause de la chaleur*. Et, ce faisant, je parle de l'expérience de la nature, non seulement de l'expérience passée où la conjonction des deux phénomènes de la chaleur solaire et de l'échauffement de la pierre s'est trouvée vérifiée, mais de toute expérience possible, la mienne ou celle de tout homme.

Ainsi, la nécessité du rapport et l'universalité qui en dérive sont-elles l'essence même de la causalité. Mais cette nécessité, outre sa dimension logique, doit être comprise comme une légalité pour

1. Cet exemple est donné dans les *Prolégomènes à toute métaphysique future*, § 29, qui constituent un véritable commentaire de Kant sur la *Critique*.

toute expérience possible, et par là comme la légalité
de l'objet de toute expérience possible, à savoir la
nature. C'est pourquoi elle caractérise un rapport
qui est de nature synthétique. En effet, l'expérience
possible, pour devenir connaissance, doit être rem-
plie d'une expérience donnée. Et le donné empirique
est celui de phénomènes divers dont les lois de la
nature ont à faire la synthèse. Cette synthèse serait
inintelligible, à ne considérer, d'une part, que la
nécessité logique qui est la condition générale et
formelle de toute légalité et, d'autre part, le donné
sensible, les deux choses étant totalement disparates.
Pour en rendre compte, il faut introduire deux
formes, l'une intellectuelle, l'autre sensible.
D'abord, le concept premier, la catégorie de causalité : nous pensons A comme étant la cause et B
comme étant l'effet ; la nécessité a un sens intellectuel et corrélativement, quant à l'objet, naturel.
Ensuite, la forme de l'intuition qui est le temps :
nous appréhendons le divers sensible dans le temps.
Ces deux formes *a priori* étant mises en place, il
suffit alors de montrer comment la catégorie de la
causalité qui relie de façon nécessaire les existences
peut s'appliquer au temps qui présente intuitivement
ces existences et comment, par cette opération, des
existences qui ne sont données que comme des
phénomènes contingents dans l'intuition sensible
deviennent des existences nécessaires, des existences
d'objets dans l'ordre déterminé de la nature.

Nous vivons, nous pensons, nous connaissons, nous agissons dans un monde, dans ce monde que nous appelons la nature et qui n'est ni chaos ni pur devenir. Tout ce qui s'y trouve s'y trouve déterminé relativement. C'est cette détermination relative, cette solidarité des phénomènes ou des événements dans le temps, que nous pensons comme causalité. Tout l'effort de Kant se résume à rendre compte, par une logique transcendantale, de la légalité qui est la condition de cette détermination. Comment comprendre cette *nécessité pour la nature* qui prévaut non seulement dans le monde de la science, mais même, dans une certaine mesure, dans le monde commun ? En un sens, Kant n'ajoute rien de nouveau à l'analyse de Hume. En vérité, il retranche de cette analyse la solution naturaliste élaborée par le philosophe écossais. Mais, pour faire cela, il faut parvenir à réduire la situation sceptique créée par la critique humienne des conceptions métaphysiques de la causalité. On ne peut livrer la nécessité attachée à la causalité à une analyse sans nécessité. Il faut respecter le droit de la raison.

B) *Sur le texte de Hume :*
   la question de l'universalité

Est-il si sûr qu'on ne puisse rendre compte de la
nécessité des rapports naturels de causalité que par
une analyse nécessitante ? Tout dépend assurément
de ce que l'on comprend par « rendre compte » [1].

Reprenons brièvement l'argument de Hume [2].
Tous les raisonnements sur les faits reposent sur la
relation de causalité. Le propre de cette relation est
de porter l'esprit au delà de l'existence qui est
donnée dans l'évidence des sens ou de la mémoire :
l'esprit anticipe sur l'existence d'un phénomène dont
il n'a pas d'expérience actuelle et qu'il conclut de
l'existence de sa cause. Quel peut donc être le fondement de telles inférences qui dépassent l'expérience ? Il est clair que je ne puis conclure à
l'existence de B, dont je n'ai pas d'expérience
actuelle, que parce que je la dérive nécessairement
de l'existence de A qui m'est donnée. L'inférence

---

1. L'ouvrage de synthèse le plus récent sur les divers
aspects de la question de la causalité chez Hume, est celui de
Tom Beauchamp and Alexander Rosenberg, *Hume and the
Problem of causation,* New York-Oxford, Oxford University
Press, 1981.

2. *Enquête sur l'entendement humain*, section IV ; *Traité
de la nature humaine*, I, 3, 2-3.

n'est fondée que pour autant qu'est postulée une liaison nécessaire entre A et B. Mais, de la sorte, on n'a fait que déplacer la question qui se répète sous la forme suivante : quel est le fondement de cette liaison nécessaire ? La question est au demeurant double : il faut établir en effet, d'une part, que toute existence, tout phénomène, tout événement a une cause et ne saurait être traité de manière purement contingente ; d'autre part, que des causes semblables produisent des effets semblables. Or, tout phénomène, pris dans son être même qui est donné, est une existence originale et indépendante ; quant à l'effet, il est totalement différent de la cause et je puis toujours concevoir l'un sans l'autre. Par ailleurs, je ne puis tirer de mon expérience, et même de l'expérience de tous les hommes réunis, le principe d'uniformité : pas plus que la nécessité, l'universalité de la liaison ne peut être dérivée de l'expérience.

Disons-le encore en d'autres termes : si le principe empiriste est valide, principe selon lequel à toute idée doit correspondre une impression, et si touchant les matières de fait le fondement doit se trouver dans l'expérience, à quelle impression faire correspondre l'idée de nécessité que nous entretenons dans toutes nos inférences causales ? Si l'on examine ce que l'expérience donne, quant à la liaison entre deux phénomènes, on ne trouve que ceci, qui est de l'ordre de la conjonction, et non de la connexion (pour reprendre le vocabulaire de Hume) : tous les objets que l'on considère comme étant cause et effet, sont contigus (ils ont rapport entre eux), antérieurs ou postérieurs les uns par rapports aux autres. Et ce rapport dans le temps se conserve de façon constante. Mais une conjonction constante ne fait pas nécessité. Autrement dit, on ne peut trouver pour l'idée de nécessité un fondement empirique suffisant.

Telle était la leçon retenue par Kant et motivant la solution transcendantale. Mais Hume n'en reste pas là. Il met en place une stratégie sceptique propre à instruire une solution. S'il est clair que l'idée de nécessité ne saurait être *fondée* sur l'expérience, en revanche on peut établir qu'elle est *causée* par l'expérience. Un tel déplacement sera assurément récusé aussi longtemps qu'on continuera d'entretenir l'exigence d'un fondement ; et l'on n'aura pas de peine alors à dénoncer le caractère circulaire de l'argument, puisqu'il revient à expliquer causalement la causalité. Mais si on fait le pas, alors tout un champ d'investigation s'ouvre, comme le soulignait vigoureusement Popper.

Hume dramatise lui-même ce déplacement. Faute de pouvoir traiter directement l'idée de nécessité, qui est requise pour fonder le raisonnement, on porte l'attention sur le raisonnement lui-même. Et, l'attention étant portée sur le raisonnement, on glisse de l'interrogation sur son fondement à l'interrogation sur sa nature : quelle est la nature de l'inférence qui nous conduit des causes aux effets (ou inversement), quelle est la nature de la croyance qui accompagne le jugement auquel mène l'inférence sur tel objet particulier ? En même temps, on passe de la question proprement métaphysique : pourquoi tout ce qui commence d'exister doit-il avoir une cause ?, à la question plus logique : pourquoi, dans l'inférence prédictive, telles causes particulières doivent-elles avoir et ne laissent-elles pas d'avoir tels effets particuliers ? Pourquoi les lois de la nature se conforment-elles au principe d'uniformité ? Ce faisant, Hume passe du problème général de la causalité au problème dit de l'induction (mot que Hume n'emploie pas) et ouvre la carrière à de nombreux développements postérieurs qui ne sont rendus possibles qu'à partir du moment où l'on abandonne (au moins provisoirement) la question de la nécessité.

Considérons d'abord l'analyse que fait Hume de l'inférence causale dans notre texte. Les raisonnements de causalité requièrent un donné d'expérience, des impressions qui sont fournies aux sens et conservées par la mémoire. Ce donné d'expérience n'est pas purement divers : les phénomènes dont on dira qu'ils sont la cause et l'effet y sont régulièrement associés, c'est-à-dire sont constamment conjoints selon les relations empiriques de contiguïté et d'antériorité. Cette constance ou régularité ne fait assurément pas nécessité : d'une part, quelque constante qu'ait été l'association entre deux phénomènes ou deux événements, il est tout à fait concevable que dans une expérience nouvelle ils ne soient pas conjoints, et il est même possible que cette constance se soit dans l'expérience passée accompagnée d'exception. Une conjonction, si régulière soit-elle, tolère l'exception, puisqu'elle n'est qu'associative. Par ailleurs, dans cette expérience passée, si l'on n'en reste pas à des cas trop simples, la similitude des cas n'est pas si totale qu'elle ne s'accompagne de différences en fonction des circonstances ou des paramètres intéressés. Si l'on raisonne en termes de fondement, on marquera, comme le rappelle souvent Hume, qu'il n'y a rien de plus dans mille cas que dans un seul cas, quant au rapport entre les deux phénomènes : la répétition n'enrichit pas la relation, et l'expérience, si constante soit-elle, reste limitée à ce qui est donné en elle. En revanche, on observe sans peine que cette constance de l'expérience a un effet sur l'esprit lui-même. Et la partie positive de l'étude humienne porte sur cette détermination de l'esprit à inférer causalement.

Reprenons, éventuellement en les reformulant, tous les moments utiles de cet argument.

1) En se déplaçant du problème général de la causalité au problème logique de l'inférence, Hume détourne l'analyse des considérations métaphysiques qui avaient jusque là surchargé le traitement de la causalité et ouvre un espace nouveau. A vrai dire, on savait depuis Aristote que le traitement métaphysique de la connaissance physique est difficile et qu'il comporte un moment épistémologique : on ne peut pas, dans la connaissance de la réalité des choses et

du mouvement, ne pas prendre en considération la connaissance humaine elle-même. La connaissance entretient ici une relation critique (dans tous les sens du terme) avec la réalité. Mais le mérite de Hume est de rendre indépendante de l'essence de la réalité la connaissance causale, puisqu'il fait de la connexion nécessaire un attribut de l'inférence. Toutefois, aux yeux de la plupart de ses successeurs, il le fait de manière impure. En effet, s'il isole bien l'acte de connaissance pour en analyser le procès, il ne va pas jusqu'au bout de la formalisation à laquelle on peut ainsi tendre. Il met au fond de l'entendement l'imagination. Or, l'imagination ne se laisse pas formaliser, puisque, étant association, transition d'un terme donné à un autre, elle reste engagée dans la matière empirique qui la remplit. Même quand son travail est compris comme inférence, cette dépendance envers la matière empirique continue de valoir. Or, pour pouvoir traiter l'inférence comme un raisonnement à part entière (de nature inductive), pour pouvoir en faire une logique, il faut réussir à dissocier complètement la forme de la connaissance de la matière de la connaissance, quitte à se demander ensuite comment la forme de la connaissance peut se rapporter à la matière de la connaissance (c'était déjà la démarche de la logique transcendantale de Kant). Par son empirisme strict, Hume est conduit à un scepticisme radical qui touche non seulement la vieille base métaphysique, mais qui met aussi en péril la démarche logique, puisqu'il débouche sur une analyse génétique de la connaissance. A cet égard, le moyen radical pour éviter un tel scepticisme logique est de logiciser tous les termes du problème : puisque l'on se propose d'analyser les formes logiques du raisonnement inductif et de progresser par calcul de forme en forme, il suffit de traiter ce qu'on appelle le donné empirique sous forme d'énoncés empiriques (dits énoncés protocolaires ou énoncés de base) ; ainsi ne se mouvra-t-on que dans l'élément du langage.

2) Assurément, en suivant cette voie, non seulement on rend problématique le concept de causalité, mais on s'en affranchit dans la mesure où il porterait encore des traces métaphysiques. Le langage humien est à cet égard significatif. Quoiqu'il introduise le problème de l'induction, il continue de parler de connexion nécessaire et de chercher le pouvoir, l'énergie qui en serait le moteur. Or, il suffit de déplacer quelque peu la question pour se débarrasser de cet héritage incommode : passer de la considération de la nécessité, qui depuis Aristote a toujours eu un enracinement métaphysique, à la question de l'universalité. Dans l'inférence causale l'on conclut de A à B, ce que l'on peut faire si à la conjonction de A et de B on a substitué une implication. Mais cette implication sera légitime si tout A est toujours suivi de B, si donc la liaison est universelle. La question devient alors, pour la formuler dans ses termes traditionnels, de savoir comment on peut aller du particulier à l'universel, le propre de l'universel

étant d'être nécessaire par sa forme (au moins à titre conditionnel). Ou, en des termes plus modernes, on examinera quels rapports logiques peuvent être établis entre des énoncés universels et des énoncés particuliers.

3) L'induction doit se distinguer de la déduction : les raisonnements physiques, dits raisonnements de causalité, ne sont pas réductibles aux raisonnements mathématiques (même si ces derniers supportent les premiers). Hume marque bien la différence par sa distinction célèbre entre les relations d'idées (le raisonnement mathématique est obtenu par comparaison déductive des idées) et les relations de fait qui ont une source empirique [1]. Mais précisément, il établit cette distinction en appuyant les secondes sur une information empirique. Or, si l'on traite logiquement les raisonnements dits de causalité, on ne peut plus s'en rapporter à cette matière, pour marquer la distinction. Il faut donc que la différence entre induction et déduction soit inscrite dans la structure même des théories physiques (et non point seulement dans le fait que ces théories se rapportent à l'expérience).

Pour cela, il convient de modifier l'angle d'attaque de la question. Si l'on suit l'analyse humienne de l'inférence causale, la question est de savoir comment, à partir de cas particuliers d'une liaison par conjonction qui se répète entre deux

---

1. *Traité de la nature humaine*, I, 3, 1 ; *Enquête sur l'entendement humain*, section IV, 1° partie.

termes, on en vient à établir une proposition universelle et nécessaire. Comment, à partir de nos expériences, toujours particulières et contingentes, en venons-nous à découvrir les lois de la nature et à mettre en place une légalité qui ne nous est pas donnée ? Il s'agit donc ici d'étudier l'invention scientifique. Mais on peut aussi bien abandonner ce problème de l'invention, valorisé en son temps par Bacon, pour considérer que l'universel n'a pas à être inventé, puisqu'il est l'essence même de la théorie et que l'esprit humain a toujours déjà commencé par s'établir dans l'élément de la théorie. La question n'est plus alors : comment aller du particulier à l'universel, de la matière empirique à la forme de la théorie, mais comment aller de l'universel au particulier, c'est-à-dire, comment penser une structure logique de théorie telle que les théories physiques puissent comme telles se rapporter à l'expérience pour être vérifiées ou falsifiées. Bref, la question n'est plus celle de l'invention de la théorie, mais celle de sa confirmation.

Là encore Hume avait montré le chemin en marquant avec force que mille cas ne nous instruisent pas plus qu'un seul, ni ne nous autorisent à conclure à l'uniformité d'une loi. Mais, ajoutera-t-on, il n'a pas été jusqu'au bout, et l'on peut découvrir ici la raison pour laquelle, sceptique, il a continué à se comporter d'une façon métaphysique [1]. Hume déclare invalides toutes les inférences prédictives-inductives, *i.e.* les inférences qui vont d'une proposition actuellement confirmée (concernant la cause) à une autre proposition hypothétique qui lui est liée (concernant l'effet). Je peux en effet multiplier les cas où la liaison est confirmée, l'inférence reste invalide, puisque je n'ai pas plus dans mille cas que dans un. Sur ce point, dira-t-on, Hume a raison. Il est impossible de prouver que dans des inférences inductives les prémisses impliquent nécessairement la conclusion. Une inférence (causale) peut avoir des prémisses vraies et des conclusions fausses. Appelons cela le faillibilisme. Mais Hume conclut davantage : il affirme en effet que, de la sorte, toutes les inférences causales sont dépourvues de raison. Et il arrive à cette conclusion sceptique parce qu'il exige que soit établi un principe d'uniformité qui validerait l'inférence considérée – exigence qui manifestement ne peut pas être satisfaite. Il pose ainsi au raisonnement inductif une condition impossible, condition qui caractérise le raisonnement déductif. Il demande un fondement qui soit égal en certitude au fondement de la déduction. En un mot, Hume resterait prisonnier du déductivisme qui assimile toute rationalité à la

---

1. Nous suivons ici, à titre exemplaire, les analyses de D. C. Stove, *Probability and Hume's Inductive Scepticism*, Oxford, 1973, Clarendon Press.

validité du raisonnement déductif. Sa faute serait d'abord logique.

On peut bien dire qu'un cas nouveau ne peut valider le principe d'uniformité ; et en ce sens rien qui ressemble à un tel principe d'uniformité ne sera jamais validé. Mais une inférence peut être plus concluante qu'une autre, en fonction précisément du nombre de cas : le degré de confirmation peut varier et le raisonnement être plus ou moins probable. Ainsi peut-on imaginer une logique inductive qui porte sur le degré de conclusivité d'une inférence. Si elle réussit, une telle logique a l'avantage de traiter l'expérience sur un mode passif : l'expérience nous fournit des faits et rien que des faits, qui confirment ou infirment. Mise à part cette puissance de décision, elle n'instruit de rien d'autre.

La confirmation.

Le problème de la causalité a été réduit à celui de l'inférence, et le problème de l'inférence a été circonscrit à celui de la confirmation. La question est : dans quelle mesure confirmons-nous une hypothèse (universelle) en recueillant des cas favorables ? On peut assurément également poser la question inverse : dans quelle mesure falsifions-nous une hypothèse (universelle) en recueillant un cas défavorable ? Cette dernière voie est celle explorée par Karl Popper, et nous avons vu son ambition de dissoudre ainsi, par la mise en place de la structure formelle de la falsifiabilité, tant le problème métaphysique de la causalité que le problème logique (réputé faux) de l'induction. Aussi longtemps qu'il y a confirmation, l'on est assuré de la viabilité momentanée de l'hypothèse ou de la théorie ; mais le bénéfice n'est pas décisif : mille confirmations ne sont pas plus fortes qu'une seule en droit, même si elles suscitent une certaine sécurité de l'esprit. Seule la falsification est décisive, puisqu'elle invalide l'hypothèse et, par voie de conséquence, impose la position d'une nouvelle théorie.

La première voie [1] est beaucoup plus modeste dans ses résultats attendus. On abandonne le projet de fournir une vérification ou une falsification qui ait valeur de conclusion (et telle que l'on demanderait des data qu'ils légitiment ou non en rigueur la proposition universelle). On se propose seulement d'observer qu'un ensemble fini de data pertinents peut être en accord avec l'hypothèse, et d'apprécier la confirmation relative que ces data sont susceptibles d'apporter à l'hypothèse. On suppose par ailleurs la proposition universelle comme étant donnée sur un mode conditionnel, à titre d'hypothèse et on ne traite pas de son mode d'établissement.

Donnons d'abord une définition logique de la confirmation (qui est intuitivement facile à ad-

1. Nous suivons ici rapidement les analyses de Carl Hempel, « A purely Syntactical Definition of Confirmation », *Journal of Symbolic Logic*, vol. 8, 1943, p. 122-143 ; « Studies in the Logic of Confirmation », *Mind*, 1946, p. 1-26 et 97-121.

mettre). Et formulons le critère de Nicod [1]. L'hypothèse à confirmer est ainsi formulée : pour tout objet
x, si x est est un P, alors x est un Q. Par exemple,
pour tout objet x, si x est un corbeau, alors x est
noir. L'hypothèse sera confirmée si l'objet présent
satisfait à la fois l'antécédent et le conséquent de
cette universelle conditionnelle. Ce qui s'exprime
ainsi : il existe un a qui est un P et un Q. Il existe un
volatile qui est corbeau et noir. Ainsi énoncée, la
définition de la confirmation reste manifestement
sous le coup de la critique humienne. En effet, que
j'aie devant moi un oiseau qui soit *et* corbeau *et* noir
ne saurait valider que tous les corbeaux sont noirs,
que tout x, *s'*il est un corbeau, est *alors* noir.
L'objection du glissement de la conjonction à l'implication qui était opposée par Hume à l'invention
des lois naturelles demeure aussi forte quand il s'agit
de leur confirmation. Comment une conjonction
peut-elle confirmer une implication ? Non seulement ne suppose-t-on pas que l'implication est posée
à titre d'hypothèse à confirmer, mais encore ne la
fait-on pas déjà jouer à titre de règle pour que la
conjonction devienne significative à son égard ?

Cette objection que nous formulons en des
termes généraux peut être traduite logiquement sous
la forme d'un paradoxe. Soit la conditionnelle universelle S 1 à confirmer : tous les corbeaux sont
noirs. S 1 est logiquement équivalent à S 2 : tout ce

---

1. Critère que Nicod établit dans les *Fondements de la
géométrie et l'induction*, Paris, Alcan, 1923.

qui n'est pas noir n'est pas un corbeau. Soient **a** un objet donné qui est corbeau et noir, **b** un objet qui est corbeau et non noir, **c** un objet qui est non corbeau et noir, **d** un objet qui est non corbeau et non noir, *i.e.* tous les cas d'objets possibles. Il apparaît que le critère de Nicod fait dépendre la confirmation non seulement du contenu de l'hypothèse, mais aussi de sa formulation. En effet, si S 1 et S 2 sont logiquement équivalents et ont à ce titre même valeur de vérité, ils ne sont pas équivalents dans la confirmation. En effet, **a** confirme S 1, mais est neutre par rapport à S 2 ; **b** infirme S 1 et S 2 ; **c** est neutre par rapport à S 1 et S 2 ; et **d** confirme S 2, mais est neutre par rapport à S 1.

Tel est le paradoxe des corbeaux. Il montre qu'il faut compléter la définition logique de la confirmation pour éliminer les cas de neutralité : il faut que tout objet d'expérience, tout datum, quel qu'il soit, soit pertinent relativement à l'hypothèse considérée ou, pour le dire dans les termes précédents, il faut que tout ce qui confirme S 1, confirme également S 2, et réciproquement. D'où la condition d'équivalence qui s'énonce ainsi : tout ce qui confirme ou infirme un des deux énoncés équivalents, confirme (ou infirme) également l'autre énoncé. Cette condition d'équivalence est une condition logique que le concept de confirmation doit satisfaire.

Accordons ceci. Mais, comme le développe Hempel, on semble tomber de Charybde en Sylla. Et de la façon la plus directe. Examinons les objets qui confirment les deux énoncés 'tous les corbeaux sont noirs' et 'tout ce qui n'est pas noir n'est pas un corbeau'. Soit un crayon rouge, *i.e.*, un **d** qui est crayon et rouge. Le crayon rouge confirme que 'tout ce qui n'est pas noir n'est pas un corbeau' et, par équivalence, que 'tout corbeau est noir'. Ce qui est surprenant pour le sens commun.

Or, Hempel refuse de traiter logiquement le paradoxe : on ne peut ni abandonner le critère de Nicod qui permet de construire l'idée logique de confirmation, ni suspendre la condition d'équivalence sans laquelle la forme logique ne parviendrait pas à saisir l'essence de la confirmation. On ne peut pas non plus vouloir restreindre le champ d'application de la conditionnelle universelle soumise à vérification, par exemple en exigeant que, pour l'hypothèse 'tous les corbeaux sont noirs', on ne retienne que les cas où il est question de corbeaux. Le propre d'une conditionnelle universelle est, en raison de sa forme logique, de n'avoir pas de signification existentielle. Dire 'tous les corbeaux sont noirs' n'est pas affirmer l'existence des corbeaux. Et c'est bien là la difficulté : les lois des théories scientifiques ne sont pas de simples hypothèses, elles valent bien, en tant que telles, pour la réalité des choses. Hempel, reprenant un enseignement russellien, propose d'assumer le paradoxe, soulignant qu'il n'est tel que pour le sens commun qui tombe dans l'illusion que toute hypothèse universelle, du type 'tout P est Q', affirme quelque chose au sujet d'une classe limitée d'objets : la classe des objets qui sont des P (des corbeaux). A un point de vue logique, il faut considérer que le champ de la proposition est illimité, que la proposition 'Tous les corbeaux sont noirs' ne porte pas sur les corbeaux, mais sur la nature toute entière. La confirmation porte non pas sur l'être de telle espèce de choses déterminées, mais sur la liaison des deux prédicats P et Q, pour tout x. Toute hypothèse universelle, du type P est Q, constitue un énoncé à propos de la totalité des entités susceptibles de servir de valeur aux variables liées par le quantificateur universel.

Ce développement principalement logique n'est éloigné qu'en apparence de son point de départ humien. Le problème reste celui du passage de la conjonction à l'implication (en termes humiens, de la conjonction constante à la nécessité). La logique de la confirmation renverse l'ordre : l'implication étant posée dans la conditionnelle universelle (conformément à l'essence théorique de toute loi de la nature posée comme hypothèse à confirmer) et étant requise par la condition d'équivalence, l'on examine dans quelle mesure un énoncé empirique, qui, lui, est dépourvu de cette implication, la confirme. Le paradoxe naît de l'articulation dans la confirmation de la conditionnelle universelle et des assertions d'observation qui portent l'évidence empirique. La proposition empirique 'ce corbeau est noir' peut certes être lue logiquement sous la forme 'ceci est un corbeau et est noir'. Mais dans cet énoncé, les deux prédicats sont seulement conjoints ; et, en outre, il est question d'un certain *ceci* : est active une désignation qui ne se rapporte pas au tout de la nature, mais bien précisément à ce qui est devant mes yeux. Le monde empirique ne coïncide pas avec le monde logique. On retrouve là la difficulté séminale de la science moderne qui avait libéré la question critique de la causalité. Hume aurait-il raison ? c'est-à-dire, son scepticisme toucherait-il non seulement la question métaphysique de la causalité, mais aussi la question logique de l'induction ?

La probabilité

Une autre voie, également ouverte par Hume, mérite d'être explorée : c'est celle qui conduit à considérer les raisonnements de la science physique comme des raisonnements de probabilité. Tous les raisonnements de causalité portant sur les questions de fait et d'existence sont seulement probables et n'emportent pas la certitude attachée aux démonstrations mathématiques. En effet, dans l'inférence, l'esprit, s'il est assuré de l'existence de la cause, est porté à entretenir une idée vive de l'effet, c'est-à-dire à juger de son existence. Or ce jugement est plus ou moins confirmé. C'est-à-dire : soit naturellement, mais surtout soit critiquement, l'esprit mesure l'écart qu'il y a entre la conjonction constante des phénomènes qui lui sert de fondement et la connexion nécessaire qui permet l'inférence. Et si l'esprit ne laisse pas de se porter à une telle connexion (moment de l'invention qui est ainsi livré à la transition de l'imagination selon la relation naturelle de causalité), il peut néanmoins apprécier l'inférence à laquelle il se livre et, dans une certaine mesure, ajuster ou corriger son degré de croyance en l'existence de l'effet posé. La relation de causalité est bien une relation naturelle de l'imagination, abusive dans sa détermination transitive, mais elle peut être aussi appréciée selon les divers degrés de probabilité.

Hume étudie soigneusement les différents types de probabilité. Ecartons la probabilité non philosophique qui résulte du degré d'attention ou du degré de mémoire dont l'esprit est capable, quand il s'applique à son expérience passée (sur le fondement de laquelle il construit ses inférences). La variation est alors de nature psychologique. Et mettons en regard la conjonction constante des phénomènes et l'inférence qui requiert leur connexion nécessaire. Nous avons raisonné jusque là comme si la conjonction était parfaitement constante, ce qui n'est qu'un cas quasi idéal. Nous pouvons prédire l'heure des marées, tant l'attraction lunaire sur les océans terrestres est un phénomène constant et régulier. Là, l'inférence prédictive se monte presque à une preuve, sans jamais avoir statut de preuve nécessaire, la constance, si grande soit-elle, ne faisant pas nécessité et n'interdisant pas des variations insensibles ou même des exceptions brutales. Il n'est pas absurde d'imaginer que demain la mer demeure étale, même si un tel événement est hautement improbable. Nous vivons dans un monde stable, mais non dans un monde régi par un déterminisme impérieux qui transformerait en miracle tout écart.

Si, à présent, nous descendons dans l'échelle de certitude, nous pouvons nous trouver dans une situation où la liaison est constamment observée, mais où il y a une indétermination relative des effets. C'est alors le jeu de dés. Notre anticipation ou la croyance qui l'accompagne ou notre espérance de gain sera relative au nombre de façons de déterminer l'effet. C'est ce que Hume appelle la probabilité des chances. Précisons : la relation naturelle de causalité nous fait attendre en général un effet, quand la cause est donnée. Mais, en outre, elle nous fait attendre tel effet. Or, s'il est difficile de résister à la transition coutumière de l'imagination, il n'en résulte pas toujours que l'effet soit exactement déterminé. Quand je jette un dé, je puis prédire que ce dé, quand il se sera immobilisé, présentera une des six faces, mais je ne puis déterminer quelle sera cette face. C'est donc principalement la question de la détermination ou de l'identité de l'effet qui prête ici à une variation de probabilité.

Mais nous avons par ailleurs supposé que la constance des liaisons s'imposait toujours, ce qui n'est pas non plus si évident. D'abord, notre expérience peut être lacunaire et irrégulière ; ensuite, elle peut se partager entre des constances contraires difficiles à réconcilier. Dans ces deux cas, nous pouvons être encore portés à inférer causalement, mais notre certitude de l'effet sera d'autant diminuée. C'est ce que Hume appelle la probabilité des causes.

Enfin, l'analogie est un dernier grand facteur de probabilité. En effet, l'on a jusqu'à présent encore supposé que les cas comparés étaient strictement semblables ; ce qui ne va pas de soi, surtout quand l'on a affaire à des phénomènes complexes faisant intervenir une multitude de paramètres. Mon expérience présente peut ne ressembler que de façon très imparfaite à tout ce que j'ai connu jusque là, ou ce que j'ai connu jusque là peut être assez hétérogène. Là encore, nous ne nous interdirons pas d'inférer, mais nos anticipations seront certainement prudentes.

On l'aura compris, le facteur déterminant est le degré de constitution de l'expérience passée, la mienne et celle des autres hommes, ou le degré de constance ou de régularité des consécutions entre les phénomènes. La probabilité est alors déterminée empiriquement, et l'expérience l'impose plus que l'entendement ne la règle. C'est pour Hume un résultat avant d'être une mesure. Mais nombre de commentateurs ont dénoncé cette ambiguïté comme une marque exemplaire d'un traitement psychologiste de la probabilité. C'est pourquoi, quand ils ont exploré cette voie, les auteurs contemporains se sont efforcés de substituer à l'idée humienne assez évidente de probabilité une définition qui assure sur un mode théorique cette notion. Or la définition n'est pas facile, comme en témoigne le cercle classique de l'équiprobabilité : on mesure la probabilité d'un événement par le rapport du nombre de cas favorables relativement à l'ensemble des cas ... également probables. La mesure de la probabilité suppose que l'on ait déjà un concept de la probabilité.

Comme dans le cas de la confirmation, les objectifs des logiciens[1] qui ont essayé de construire une théorie probabilitaire de l'induction sont apparemment assez modestes. Ils ont assez tôt renoncé à produire une analyse formelle de l'exercice des raisonnements physiques (des raisonnements de causalité), pour construire des modèles logiques valant comme substituts rationnels de procédures intellectuelles trop complexes. En effet, les pratiques inductives sont diverses et les efforts de formalisation de ces pratiques s'avèrent ou trop faibles ou trop contraignants. La tentative de reconstruction rationnelle porte sur l'inférence inductive elle-même : les prémisses A étant posées vraies, on dira que si ces prémisses A sont vraies, alors la conclusion B est probable à un degré de probabilité P. L'avantage du

1. Pour une étude technique de ces logiques de la probabilité, on se reportera à l'ouvrage de M. Boudot, *Logique inductive et probabilité*, Paris, Armand Colin, 1972. Voir aussi A.J. Ayer, *Probability and Evidence*, London, MacMillan, 1972.

concept de probabilité serait de permettre à une logique probabilitaire inductive de fournir une véritable logique, puisque, si la conclusion est seulement probable, le raisonnement par lequel on mesure le degré de probabilité est, lui, entièrement certain. C'est pourquoi Reichenbach a cette formule : « Le calcul des probabilités est devenu peu à peu la logique de la science ».

Pour établir cette définition de la probabilité, la recherche s'est développée dans deux directions distinctes. La première, tirant parti des développement mathématiques survenus dans les années 1930, a été explorée par Von Mises et Reichenbach et a en quelque sorte importé le concept mathématique de probabilité nouvellement élaboré dans l'analyse logique des inférences inductives. Le procédé consiste à introduire d'abord le concept de fréquence que l'on étend au concept de fréquence-limite, quand on passe d'une suite finie à une suite infinie d'épreuves, et, après avoir postulé un axiome de convergence, à traiter l'induction en appliquant un calcul fréquentiel à la correspondance de la suite des A et de la suite des B (si l'on a affaire à une conjonction plus ou moins constante des phénomènes A et des phénomènes B dans l'expérience établie) et à miser sur le fait que la conjonction des A et des B tend vers une limite qui est sa probabilité. On s'attache moins de la sorte à résoudre le problème de l'induction qu'à se donner une règle permettant de mesurer des schèmes complexes d'induction.

La seconde direction a été suivie par Carnap et
vise à définir un concept proprement logique de la
probabilité [1]. Carnap exclut la solution fréquentielle
dont les énoncés concernent le monde et par conséquent appartiennent au langage-objet. La probabilité
d'un événement dans le monde n'est pas dépendante
seulement de ce qui se passe dans ce monde, mais de
la structure formelle du langage dans lequel on
l'exprime et on le décrit. Il faut donc élaborer le
concept de probabilité sur un mode logique, c'est-à-
dire analytique, par voie *a priori*. Je dois pouvoir
me prononcer sur le degré de probabilité d'un
énoncé uniquement à partir de la définition ou du
calcul logique que j'en fournis. Pour cela, on traite
la probabilité logique comme une implication par-
tielle, mesurable entre 1 et 0, 1 et 0 représentant les
cas extrêmes où une implication stricte est valide et
qui peuvent donc être traités par une logique déductive. Entre 1 et 0, en revanche, j'ai un continuum de
cas intermédiaires pour lesquels je ne puis conclure
strictement. On évaluera alors, sur un mode numé-
rique, la probabilité d'une hypothèse **h** relativement
à des énoncés d'observation **e**, de manière à conclure
que **h** est partiellement impliqué par **e**, à tel ou tel

[1]. Voir, pour un résumé scolaire, *Les fondements philosophiques de la physique*, traduction française, Paris, 1973,
1° partie. Pour un traitement plus scientifique voir *Logical
Foundations of Probability*, Chicago, 1950, University of
Chicago Press, repris partiellement (et de façon plus acces-
sible) dans *The Nature and Application of Inductive Logic*,
Chicago, University of Chicago Press, 1951.

degré, et cela au moyen de l'analyse logique de l'hypothèse et des énoncés d'observation. Point de confirmation ou de falsification à mettre en oeuvre : tout se traite par le rapport à établir entre les énoncés considérés, entre **h** et **e**. Pour établir ce rapport, on constitue un univers de discours composé d'un nombre fini ou infini de constantes individuelles et d'un nombre fini de prédicats primitifs. L'attribution de ces prédicats de toutes les façons possibles déterminera un ensemble de possibilités égales, qui seront considérées comme également probables. On définira alors tous les états possibles et alternatifs de cet univers formel en déterminant si, dans chacun d'eux, chaque individu possède ou non les prédicats primitifs. Et, ayant ainsi assigné des degrés initiaux de probabilité ou de confirmation à ces états qui sont autant de descriptions de l'univers, on pourra calculer le degré de confirmation d'une hypothèse présentée par un corps d'observation donné.

Il y a dans un tel projet le vieux rêve logique de traiter le réel par le possible, de déterminer l'existence par le calcul, rêve que Leibniz avait installé dans l'entendement divin, lequel est censé calculer tous les mondes possibles et faire passer à l'existence le meilleur d'entr eux. Encore Leibniz maintenait-il un élément de contingence dû à la volonté créatrice, inspirée par le principe du meilleur. Rien de tel ici. Nous sommes à l'exact opposé de l'empirisme humien qui apparaît en regard d'une singulière naïveté. Mais, pour naïf qu'il soit (et l'on sait qu'il

faut se méfier des naïfs), l'empirisme de Hume reste
à la portée de l'entendement humain. Il apparaît en
revanche qu'il faut avoir la puissance intellectuelle
infinie de Dieu pour pouvoir évaluer sur le mode de
la logique inductive probabilitaire tout ou partie de
ce qui se passe dans notre monde.

Hume toujours.

Inventer des mondes possibles pour traiter logiquement des liaisons internes au monde réel, c'est
aller à l'envers de ce qui convient, dit Nelson
Goodman [1] : le possible n'est qu'une dimension du
réel, il n'y a pas d'autre monde que notre monde
réel. La preuve en est que le discours sur les entités
possibles est réductible à certains prédicats du
monde réel. Prenons les propositions suivantes : 'la
baguette est flexible', 'l'allumette est inflammable'.
Que dit-on sinon que la baguette peut être fléchie,
que l'allumette peut être enflammée ? On énonce
ainsi une possibilité qui se réalisera peut-être dans le
futur. On caractérise une certaine disposition qui,
quoique tournée vers le futur, appartient réellement
à l'objet de façon plus ou moins durable. Or nous
tenons pour vraies ou fausses des propositions
comme celles que nous venons d'énoncer et qui
comportent ce genre de prédicats dispositionnels.
Mais comment en établir la vérité ? Si je dis que la

1. Nelson Goodman, *Faits, Fictions et prédictions*,
1° édition 1954, traduction française, Paris, Editions de
Minuit, 1984.

baguette est flexible, c'est parce que j'ai déjà fait l'expérience répétée de sa flexion. Certes, je n'ai pas l'assurance absolue qu'à l'avenir elle pliera, mais, fort de mon expérience, je n'hésite pas à déclarer qu'elle pliera. Ainsi, les prédicats dispositionnels (flexible) sont-ils l'extension ou la *projection* de prédicats manifestes (qui fléchit, qui a fléchi).

L'on aura reconnu sans peine dans cette brève présentation des prédicats dispositionnels le vieux problème de l'inférence humienne. Comment passer des cas manifestes connus aux cas possibles ? Comment inférer ce dont on n'a pas encore l'expérience à partir de l'expérience acquise ? Comment établir la vérité des propositions où se trouvent des prédicats qui renferment une projection ? Mais Goodman fait plus que réactiver la question de Hume, il en reprend la solution. « Nous en sommes venus à parler du « problème de Hume », comme s'il avait formulé un problème sans proposer de solution. Tout ceci me paraît erroné. Je crois que Hume avait bien compris la question centrale et qu'il considérait sa réponse comme passablement acceptable. Je crois sa réponse raisonnable et pertinente, même si elle n'est pas entièrement satisfaisante » [1]. Hume a eu raison de conclure que les jugements portés sur des événements futurs ne sont ni des comptes rendus d'expérience ni des conséquences logiques d'expérience. Mieux, il a eu raison d'abandonner la question de

---

1. Id. p. 77.

droit, qui met en avant l'exigence de nécessité, pour porter son examen sur la seule inférence causale, et de s'en rapporter, pour établir les jugements portant sur des événements futurs, à la conjonction constante, à la régularité des phénomènes dans l'expérience acquise. La prédiction attachée à l'inférence sera celle qui s'accorde avec la régularité passée et il n'est pas requis, pour en rendre compte, d'introduire, à titre de fondement, la légalité d'une loi universelle et nécessaire qui serait supposée en être le fondement.

Goodman se propose de reprendre l'argument de Hume et tente de développer l'idée d'une logique de la confirmation des prédictions sur la base d'une régularité posée initialement. La question est : pourquoi un ou plusieurs exemples positifs permettent-ils de prédire d'autres exemples, alors que tout peut produire tout, comme le disait Hume ? S'en rapporter à la régularité semble ne pas suffire. Chacun sait qu'il peut y avoir des exemples de conjonction qu'on ne rapportera pas à une loi et même des conjonctions constantes entre des phénomènes qui ne mènent pas à l'inférence prédictive. Toute régularité n'autorise pas une prédiction. On peut même démontrer par un nouveau paradoxe, dit des émeraudes, que toutes les émeraudes qui ont été jusqu'au temps présent observées être vertes autorisent la conclusion que l'émeraude d'une future expérience sera bleue (aussi bien que verte). Pour le dire en des termes métaphysiques, la contingence contenue dans toute anticipation n'est pas réductible. Faut-il dire alors que nous ne pouvons pas donner de raison à nos prédictions et que la régularité de l'expérience n'est pas un motif suffisant propre à nous garantir une assurance raisonnable ? Certes, pour résoudre les difficultés énoncées, on peut décider de ne retenir pour confirmation que les hypothèses à caractère nomologique, c'est-à-dire à caractère de loi, et de faire un tri dans les prédicats susceptibles d'entrer dans une hypothèse recevable. Mais une telle décision, si elle peut avoir pour elle le bon sens, reste logiquement arbitraire.

Hume confiait cette décision à l'imagination, mais n'excluait pas qu'un usage correcteur de l'imagination puisse introduire une régulation dans nos inférences. La théorie de la projection de Goodman prend appui sur le même argument fondamental. Considérée isolément, la prédiction que la prochaine émeraude que je verrai sera verte, et non pas bleue, au vu de mon expérience des bijoux, (ou que le feu brûlera demain la bûche) est aventureuse. Et je ne puis affirmer que toutes les émeraudes sont vertes (que le feu brûle toujours la bûche). Mais, ce faisant, je me suis borné à considérer l'hypothèse à confirmer et le corps d'évidence (les données). Or, la situation n'est jamais si simple. En effet, quand je fais une prédiction, je porte la mémoire de prédictions antérieures qui, plus ou moins, ont restreint le champ général des hypothèses aux hypothèses recevables, ou l'immense variété des prédicats possibles aux prédicats admissibles. Mettons en rapport les cas positifs (les émeraudes vertes) qui forment la classe des preuves empiriques, et les cas encore indéterminés (les émeraudes à venir) qui forment la classe de projection. Soit une première prédiction, puis une autre, puis une autre encore éventuellement composée avec une autre prédiction, etc. Certaines hypothèses se verront bien établies alors que d'autres resteront hasardeuses et mériteront d'être disqualifiées. Certains prédicats « s'implanteront » progressivement, alors que d'autres seront moins assurés et pourront être écartés. Par incompatibilité, apparemment, renforcement, composition, se constituera alors peu à peu un système solidaire d'hypothèses recevables et de prédicats admissibles, de telle sorte que telle nouvelle prédiction, telle nouvelle hypothèse à confirmer qui y prend place, ne sera plus isolée, mais sera investie d'un certain degré de projectibilité qui la rend raisonnable.

La solution apportée par Goodman au problème de l'inférence prédictive est évidemment de nature pragmatique. Elle passe par un équilibre dynamique entre les inférences pratiquées jusque là, desquelles on tire des normes, et les normes qui, quoique toujours sujettes à une épreuve correctrice, corrigent les expériences et les inférences. Cette circularité de la règle et de l'expérience fait l'essence de la régularité. L'expérience acquise (toutes les inférences passées) n'est pas un simple agglomérat ; elle forme un système projectible plastique dans lequel s'insère toute nouvelle inférence, laquelle en retour apporte au système son écôt. Peut se développer ainsi moins une logique qu'un art, un art de la consolidation qui est autant la consolidation du langage que celle de la science.

Ce passage du rationnel au raisonnable était déjà exprimé par Hume, quand il distinguait une dernière sorte de probabilité, celle des règles générales [1]. C'est un fait de la nature humaine que l'entendement, dans l'exercice ordinaire des inférences causales, est emporté par l'associativité de l'imagination, et ne cesse de prédire et de former des lois générales. Il en va comme pour les tyrans : l'entendement, dans son premier mouvement, ne pêche pas par défaut, mais par excès. « Un Irlandais ne peut avoir d'esprit, un Français ne peut avoir de solidité ». Mais il existe des Irlandais spirituels et des Français à l'esprit aussi profond que les Allemands. Et l'on peut donc corriger les premiers mouvements de causalité au vu des exceptions, par une complication des inférences, par une pondération entre les hypothèses contraires, selon leur degré de confirmation, par établissement de lois critiques venant corriger les premières lois établies, etc. Ainsi se compose une raison critique qui est en quelque sorte un parti-pris de cohérence et qui renvoie toute nouvelle inférence causale, c'est-à-dire toutes les lois universelles produites sur fond de conjonction

1. *Traité de la nature humaine*, trad. Leroy, p. 231 et sq.

constante ou de régularité, à la totalité des autres lois, ordonnées et hiérarchisées, totalité faisant règle, mais règle susceptible elle-même d'être corrigée, ajustée, affinée. La causalité n'est pas un ordre inscrit dans les choses ; elle n'est pas non plus une logique fixée dans l'esprit humain ; elle est la raison humaine rendue raisonnable dans un monde plus ou moins familier, plus ou moins sûr, mais qui est le sien. Telle est la leçon de la philosophie humienne, leçon au bout du compte répétée par le long commentaire que les philosophes qui sont venus ensuite ont bâti sur « le problème de Hume ».

Table des matières

Achevé d'imprimer en mars 1994
sur les presses de l'Imprimerie Bussière
à Saint-Amand (Cher)

— N° d'imprimeur : 619. —
Dépôt légal : mars 1994.
Imprimé en France